물리의 향기

육근철 시집

추천의 글

★

물리학은 어렵다는 것이 일반적 인식이다. 그래서 청소년들이 물리학 공부를 꺼려하는 경향이 있다. 특히, 최근 이공계 기피현상이 심화되면서 초중고에서 물리교육이 실종되고 있다. 물리학이 과학기술의 근간이라는 사실을 생각할 때 물리교육의 실종은 국가적 적신호가 아닐 수 없다.

저자는 물리 교사를 양성하는 사범대학 교수로서 물리학을 쉽고 재미있게 가르치는 방안을 오랫동안 고민하고 노력해온 물리 교육학자다. 그는 우리 주위에서 일상적으로 볼 수 있는 현상들을 물리적 현상과 연관 지어 감성적 시로 담아내는 남다른 창의적 능력을 가지고 있다. 소녀시대의 노래에서 맥놀이 현상을, 풍경의 소리에서 라디오미터 광자의 운동을, 운동회 표주박 터트리기에서 라더포드의 알파입자 산란실험을 시로 정감있게 표현하고 있는 것은 놀라운 일이다.

물리현상을 그림으로 재미있게 표현하여 일반인과 소통하려는 노력은 수많은 사람들에 의해 시도되었다. 그러나 자연에서 일어나고 있는 어려운 물리현상을 시를 통해 일반인에게 쉽게 전달하려는 시도는 없었다. 본 시집은 일반인들, 특히 다음 세대 주역인 청소년들에게 물리에 대한 흥미를 갖게 하는데 좋은 교량적 역할을 해주리라 믿는다.

신성철 (한국물리학회 회장/대구경북과학기술원 총장)

★

'물리의 향기'를 읽으면서 나는 두 번 놀랐다. 그 첫째는 시는 인문학 분야의 이야기이고 물리학은 자연과학 분야의 이야기인데 서로 다른 두 분야를 이렇게 절묘하게 융합시킬 수 있다는 사실이다. 둘째는 그 딱딱하고 어려운 물리적 현상을 새로운 각도에서 관찰 분석하고, 그 결과를 시어라는 도구로 아름다운 직물을 짜내어 옷을 만들어 낸 작가의 뛰어난 창의력이다.

근래에 교육현장에서 STEAM교육을 해야 한다는 주장은 많지만 무엇을 가지고 어떻게 STEAM 교육을 할 것이냐의 각론에서는 마땅한 교재가 없어 고민 중에 있었다. '물리의 향기'는 교육현장에서 융합교육을 하는데 크게 기여할 것으로 믿는다.

저자는 자연에서 일어나고 있는 물리적 현상을 소재로 한 여러 편의 시들을 통해서 현장에 있는 교사들은 새로운 교수방법을 배울 수 있을 것이고, 학생들은 아하 그렇구나! 하고 무릎을 칠 수 있는 깨달음의 동기가 될 것이라 믿는다. 특히 학생들은 이 책을 통하여 전혀 관계 없던 것을 관계 있는 것으로 연결시키는 창의력과 일상에서 일어나고 있는 자연 현상에 대한 분석력을 기르게 될 것이다. 또한 시와 물리와 자연의 교감을 통하여 아름다운 인성과 표현의 능력이 길러지게 될 것이다.

충청남도 교육감 **김종성**

★

물리학이라 하면 논리와 이론이 반듯하게 정렬되어 딱딱하고 빈틈이 있을 수 없는 조금은 차가운 분야라 생각했습니다. 그러나 '물리의 향기'를 접하고 난 뒤 조금은 생각이 바뀌었습니다. 세상의 현상을 머리가 아닌 가슴으로 보고, 느끼고, 표현하면서 과학과 인문학이 어우러져 이렇게 조화로울 수도 있다는 것을...

특히 '운동회'라는 시에서 신난 어린이들의 함성이 들리는 듯, 맛있는 점심이 보이는 듯합니다. 표주박 터트리기를 비유로 러더퍼드 알파입자 산란실험을 overlap 시켰습니다. 참 이해하기 쉽게 풀어주었습니다. 뿐만 아니라 모든 시 뒤에 친절하게 물리 현상을 TIP으로 설명해주었습니다.

이번에 출판하게 된 '물리의 향기' 시집을 통하여 자칫 특정한 한 분야에 갇히기 쉬운 우리의 사고를 넓혀볼 수 있는 좋은 계기를 제공하게 될 것으로 생각됩니다.

지금 우리가 살고 있는 시대의 화두 중 하나가 융합이라는 단어임을 직시할 때, 이번에 출간되는 '물리의 향기'는 다양한 학문 분야에 종사하는 인재들에게 자극과 용기를 줄 수 있는 좋은 시도라고 봅니다. 아마도 학교 현장에서 융합 교육을 시도하는 교사들에게 훌륭한 지침서가 되지 않을까 하는 생각을 하게 됩니다. 특히 창의적 사고를 필요로 하는 이 시대에 생각의 틀을 깨어보고자 하는 많은 분들에게도 신선한 본보기가 될 수 있는 용기 있는 시도에 박수를 보냅니다.

가천대학교 교수 · (사)한국영재학회 회장

아시아-태평양영재학회 회장

박경빈

★

눈 앞에 펼쳐진 자연의 신비함에 늘 감동하면서 숨겨진 진실을 찾고자 했던 저자는 다양한 방법으로 물리 세계의 아름다움을 자라나는 학생들에게 전해왔습니다. 자연을 노래하는 시어를 통해서 부담감 없이 물리의 향기를 몸으로 느끼게 만드는 저자는 이미 자연과 합일의 경지에 이른 듯합니다. 그의 향기가 캠퍼스를 넘어서 온 누리에 퍼지기를 소망합니다.

한남대학교
광. 전자물리학과
교수 **장 수**

물리와 시의 만남

물리의 향기

나는 물리를 공부하면서

존재의 방식에
놀라고
관계의 사슬에
더 더욱 놀라는

관찰자가 되고 싶었다.

용수철을 잡아당길 때 눈앞에 펼쳐지는

실체의
와이어는 사라지고
대칭 무늬만
살아나는
흑백의 간섭무늬

무아래 무늬에 취하여 여기까지 왔다.

그런데
학교 현장에서 물리는 어려운 과목으로 외면당하고 있다. 물리학의 진정한 의미는 '사물의 이치를 깨달아 알아가는 향기 나는 학문'이다. 그래서 인문학적 글을 통하여 물리가 신비롭고 아름다운 학문이라는 것을 알리고 싶은 동기에서 시를 쓰게 되었다.

이 책을 통하여 교사와 학생들이
전혀 관계 없던 것을 관계 있는 것으로 연결시키는 창의력과 일상에서 일어나고 있는 자연 현상에 대한 분석력을 기르고, 시와 물리와 자연의 융합을 통하여 아름다운 인성과 표현 능력이 길러지기를 원한다.

교육은 감동이어야 한다.

물리를 소재로 한 여기 있는 시들을 통하여 교사나 학생 모두 아하! 의 감동을 받는 기회가 되길 바란다.

'물리의 향기' 가 융합교육인
STEAM(Science, Technology, Engineering, Arts, Mathematics) 교육의 소중한 교육 자료로 널리 활용되기를 기대한다.

때로는
어깨 두드려 창의 통 진동시켜 주고, 손잡아 감성 통 데워주고, 털끝 하나하나 칼끝으로 마감해준 그림자에게 따뜻한 눈길 주고 싶다.

지금은
줄무늬 옷 입고 마지막 그리움으로 사랑 시 쓰고 계시는 나의 어머니 아버지가 이 책으로 한 번 더 웃을 수 있기를 바란다.

이천십삼 년 새해 첫 날

鳳谷山房에서

理石 **육근철** 교수

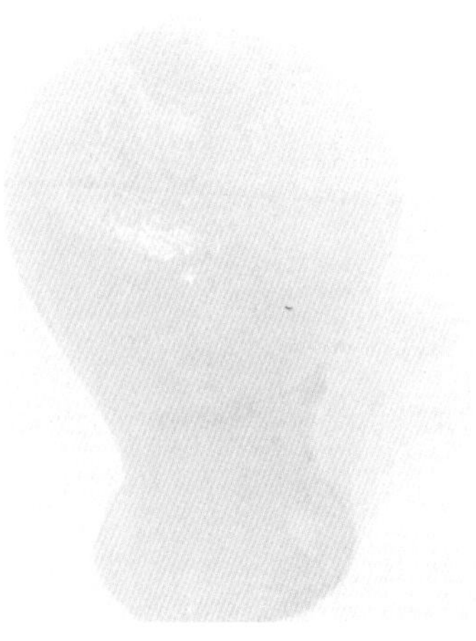

차 례

02 얼음 결정의 추억(빛)

03 아침마다 연꽃이 된다(현상)

04 춤 한번 추실까요(물리)

05 꽃 속에 우주가 핀다(우주)

06 노란 점 하나 찍히더니(꽃)

1. 눈 감아도 떠오르는(파동)

맥놀이

아홉 소녀가
제 곡조로 춤을 춘다
개미 허리로

너는
shoot(슛) shoot(슛) shoot(슛)
나는
hoot(훗) hoot(훗) hoot(훗)

일제히 활 시위를 당긴다
내 가슴에

눈 감아도 떠오르는
소녀시대의 군무

귀 막아도 들려오는
두 주파수의 차
맥-놀이 파동

s(스) s(스) s(스)

살인 윙크를 날리다
토라져 버리더니
문득 돌아서
이내 화살을 쏜다.

내 가슴에

Tip

맥놀이 : 서로 엇비슷한 진동수의 두 소리가 겹쳐서 들릴 때 주기적으로 소리가 커졌다 작아졌다 하는 현상.

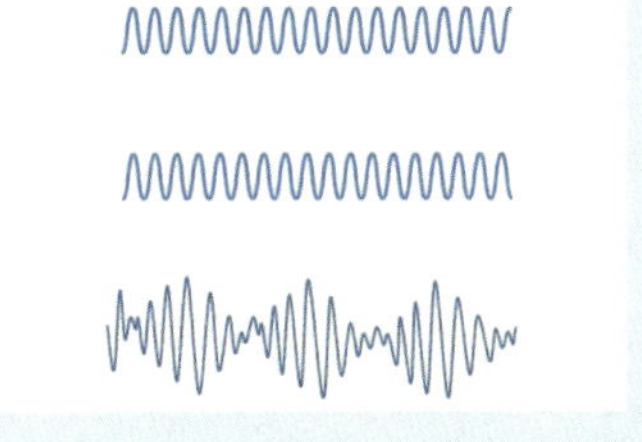

맥놀이 현상이 생길 때 관측자의 귀에는 두 진동수의 차가 들리는데 이 진동수를 맥놀이 진동수라 한다.

소녀시대의 노래속에서도 맥놀이 현상을 찾아낼 수 있다. 다음과 같이 두 노랫말의 차인 맥놀이 진동수 S가 들린다고 상상하였다.

shoot − hoot = s

돔벙

나락 걷는 논두렁
엉금엉금 기어가던
아이
스크린 위 펼쳐진
파란하늘

몸을 던졌다.

풍덩

소리와 함께 퍼져나가는 물결파
물결과 함께 퍼져나가는 소리파

새로운 파원 되어
퍼져 나갈 때
수직 상승하는 영혼
수직 하강하는 몸통

오름과 내림이 바뀔 때
수직으로 생성되는 마루와 골
수평으로 진행하는 에너지 파동

하늘색 수면 위 퍼져나가는
겹침무늬

육신과 영혼 중첩되어
하늘색 수면 위
마디선으로 태어날 때
쌍곡선으로 전파되는
간섭무늬

가슴속 깊이
웅크리고 앉아
물과 마주할 때
끼어드는
둠벙의 공포

Tip

수면파의 간섭무늬 : 그림과 같이 수면위에 두 개의 점 파원을 동시에 만들어주면 두 파가 중첩되어 밝고 어두운 무늬인 간섭무늬가 발생한다. 이 때 마루와 골이 중첩될 때 쌍곡선 형태의 마디선이 퍼져나간다.

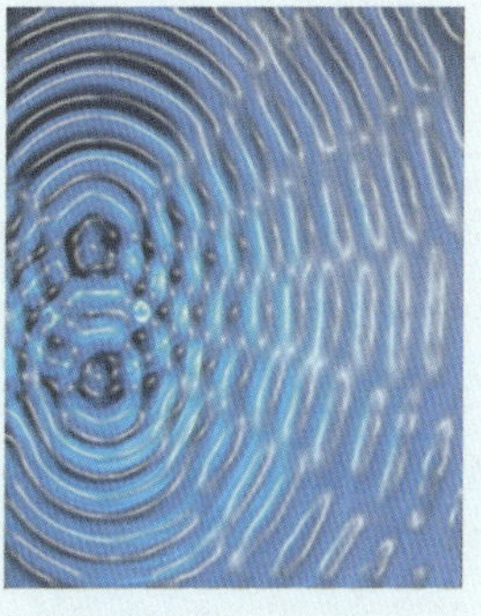

가을걷이 늦가을에 어린 아이가 논에서 놀다가 둠벙 물에 비친 파란 하늘을 보고 엉금엉금 기어가 물에 몸을 던졌다. 그로 인해 발생하는 수면파동과 소리파동, 두 파동이 겹쳐 간섭을 일으켜 마디선으로 나타난다. 어릴적 추억으로 잠재해 있는 물에 대한 공포를 그렸다.

목탁

선암사
쪽빛 하늘바다
은행 알 하나
똠방
떨어지더니

무한으로
퍼져나가는
동심원 목탁소리

저녁나절
절집
은행나무
울림통

두드리면 두드릴수록
두 구멍
스님 마음 따라
공명으로 울고

솔잎은 솔잎대로
가는 잎
사이사이로
세상 따라
에돌아 울고

배롱나무
가지는 가지대로
바시시 떠는
그리움

목탁은
작은 구멍 속
어둠 보라
오늘도 눈뜨고 운다.

Tip

목탁 : 주로 은행나무나 대추나무로 만든다. 절에서 볼 수 있는 목어를 축소시켜 놓은 기구다. 목탁은 눈을 뜨고 자는 목어인 물고기 형상으로 두개의 구멍이 양쪽에 뚫려있다. 속이 비어있어 이 어두운 공간이 공명통 역할을 하여 두드릴 때 마다 청랑한 소리가 난다. 목탁 소리로 불자는 깨우침을 얻는다.

배롱나무 : 목 백일홍을 말한다. 표피가 여인네 속살같이 부드럽고 매끄럽다. 옛날에 선비들이 배롱나무를 뒤뜰에 심어 놓고 부인 몰래 옛 애인을 생각하며 표피를 어루만지면 가지 끝이 바시시 떨었다한다. 그래서 일명 '간지럼 나무' 라고도 한다.

물결

잔잔한 연못에
돌팔매질 해 보세요.

납작한 돌
톡 톡 튀어 오를 때마다
동그랗게 피어올라
어디론가 떠나가는
아름다운 물결

꽃잎은
아래위로 손짓만 할뿐
언제나
그 자리에 놀고 있지요.

바닷가 모래밭
하얗게 밀려오는
파도를 보세요.

기다랗게
손잡고 밀려오는 파도
끊임없이

실어 날라 물은 쌓이는데

쌓아도 쌓아도
쌓이지 않는
바닷가

어머니 가슴

Tip

수면파 : 물결파가 발생할 때 물 입자는 아래 위로 움직이기만 할 뿐 앞으로 이동하지는 않는다. 다만 파동 에너지가 사방으로 퍼져 나갈 뿐이다.

바닷가로 몰려오는 하얀 파도 역시 조력에 의한 파동에너지가 들어오는 것이지 물 입자가 해안에 도달해 쌓이는 것은 아니다.

간섭

x
y
z축
안에 나를 내려놓습니다.

t 를
놓으려다
지워버렸답니다.

팔을 베고
누워봅니다.

아무것도 없는
정지한 공간에

또 다른 나를
놓습니다.

두
인간이 간섭하여
새로운

나를 만듭니다.

맥놀이라도
생긴 걸까 ?

마디선이 짙게
빈 하늘을 지나갑니다.

Tip

3차원 공간 : x, y, z축으로 구성된 좌표 공간
간섭 : 두 개 이상의 파가 동시에 한 점에 도달했을 때 그 점에서 이들의 파가 중첩되어 강해지거나 약해지는 현상
맥놀이 : 서로 엇비슷한 진동수의 두 소리가 겹쳐서 들릴 때 주기적으로 소리가 커졌다 작아졌다 하는 파동현상
마디선 : 그림과 같이 두 파원의 간섭에 의해 생긴 방사형으로 퍼져나가는 흐릿한 직선

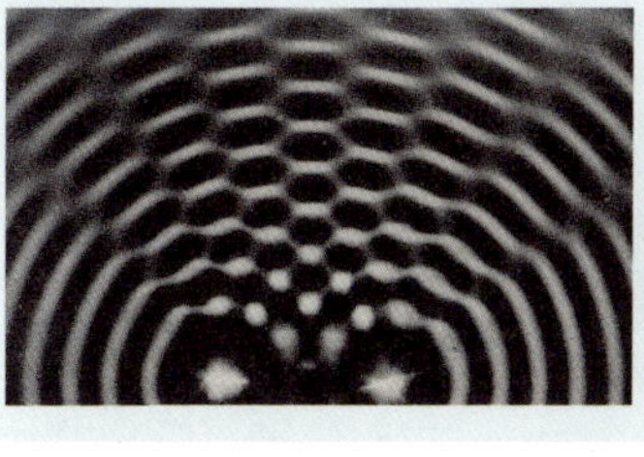

이명(耳鳴)

망치
등자
모루뼈 지나

달팽이 한 마리
소리 없이
면도날
넘어갈 때

적색경보
사이렌 울린다
쇠
소리로

늙은 세월
쳐들어온다고

귀뚜라미
현악기 비비고

매미
타악기 두드리고

맹꽁이
관악기 바람 내뿜어
소리 내는데

내 귀는
음원도 없이
어찌 소리를 내는가

없는 소리
나
듣는 것일까

빛이
허상(虛像) 만들듯
소리도
허성(虛聲) 만들어

시도 때도 없이
경고 한다

얼마 안 남았어
이눔아!

Tip

귀의 구조 : 귀의 고막에는 망치뼈가 붙어있고, 그 다음에 등자뼈, 모루뼈 순으로 연결되어 있다. 소리는 고체 액체 기체 순으로 전파속도가 빠르다. 그리고 이들 뼈의 움직임은 지렛대의 원리로 점점 증폭된다.
이명 : 귀에서 쇳소리, 매미소리와 같은 소음이 들리는 현상.
허상 : 거울에 생기는 상, 또는 렌즈의 초점거리 안에 물체가 놓여있을 때 생기는 상
허성(虛聲) : 허성이란 없다. 그러나 허상에 대비되는 소리로 음원도 없이 들리는 소리를 말한다.

스트라이프

천
죄수
곡예사
어릿광대
망나니
환자
옷

줄무늬 속에는

부도덕과 불결
배척과 버림
파괴와 경멸
잔인과 광기
무질서와 혼돈이 살고 있다

줄
국기
넥타이
와이셔츠
바코드

휘장
색

줄무늬 속에는

자유와 독립
혁명과 애국
방패와 보호
확장과 선명
이데올로기의 표출이 살고 있다.

On - Off
On - Off
On - Off

0 - 1
0 - 1
0 - 1

마루 - 골
마루 - 골
마루 - 골

반복의 기호 속에
흐름과 막힘
소통과 단절

높음과 낮음
주기와 반복의 속성이 살고 있다.

파동이 살아
컴퓨터 만들고
주파수 독립이
소통으로 이어질 때

양면성의 두 얼굴
줄무늬
스트라이프

우리를 미치게 한다

Tip

스트라이프 : 줄무늬 형태를 말 한다. 줄무늬는 시대에 따라 그 상징성이 극과 극으로 바뀌었다. 중세에는 죄수나 백정들이 입는 옷에 그려진 악마의 무늬로, 현대에 와서는 국기, 넥타이, 와이셔츠 등에 그려진 출세의 무늬로 바뀌었다.

관리자는 종업원들과 신분의 구분을 위해 종업원들에게 줄무늬 옷을 입힌다.

줄무늬를 파동으로 표시하면 마루 골 마루 골, 수학적 기호로 표시하면 0101, 신호로 표시하면 on off on off의 반복적 기호로 표시할 수 있다. 이 0101의 2진수가 컴퓨터 만드는데 기본원리가 되었다.

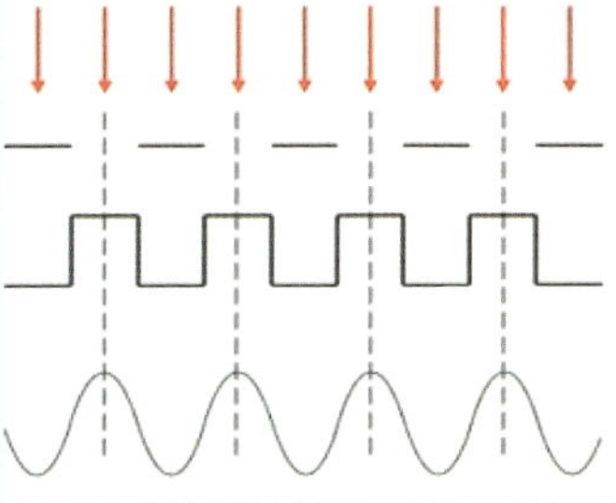

자명고(自鳴鼓)

검버섯
하나둘 늘어날 때쯤
찾아오는 엔트로피의 속성
찌꺼기들의 반란

수직축 정보 수집기
시각의 뭉개짐
수평축 정보 수집기
청각의 뒤바뀜

문제가 발생했다

밖의 정보
안으로 전달하는 역할
거부하고

허락도 없이
안의 비 정보
안에서 발생시키는
나선형 섬유세포의 장난질

하얀 벽 두 개가 만나는 곳
애틀란타 뜨거운 햇살
이글이글 탈 때쯤

감지해야 할 곳
아주 작은 소리 하나 들리더니
누가 물 주어 키워왔나?

쑥쑥 자라 내 영혼 뒤집어 놓는
쇳소리 울림

육신이 잠들어야
쉬어가는 자명고 울림

어느 길목쯤
내 던질 수 있을까?
어느 때쯤
도망갈 수 있을까?

고요하면 고요할수록
달팽이관 나선형
미끄럼틀로 빨려 들어가
수렁에 처박히는
내 영혼의 소음

홀로포닉 사운드

Tip

자명고 : 동화 '낙랑공주와 호동왕자'에 나오는 북으로 적이 처들어 오면 스스로 울리는 북.
홀로포닉 사운드 : 빛으로 홀로그램을 만드는 것이 아니라 소리로 3차원 홀로그램을 만드는 것 .
엔트로피의 속성 : 열역학 제2법칙으로 일명 방향성의 법칙이다. 이 세상 모든 것은 점점 더 불리한 방향으로 전개된다는 자연의 속성을 말한다.

지금

그대
망설이지 말고
춤춰 봐

어차피 음악은 흐르고
지금 아니면 춤출 수 없어
율동은 제 곡조를 타고
공명하는 영혼의 파동

그대
기피하지 말고
풀어 봐

어차피 시간은 흘러가고
지금 아니면 풀 수 없어
물리는 제 곡조를 타고
흐르는 자연의 소리

그대
주저하지 말고
나와 봐

어차피 무대는 바뀌어 가고
지금 아니면 설 수 없어
인생은 제 곡조를 타고
흐르는 우주의 물결

그대
포기하지 말고
찾아 봐

어차피 사람들은 지나가고
지금 아니면 만날 수 없어
사랑은 제 곡조를 타고
흐르는 그대의 숨결

Tip

공명 : 고유 진동수로 진동하고 있는 하나의 진동체에 다른 진동체를 가까이 하면 다른 진동체도 같은 고유 진동수로 진동하는 현상.

지금 : 오직 지금 만이 우리가 공유할 수 있는 유일한 시간이다.

선택

정자들의 편모
각기 자기 주파수로
살랑 살랑 꼬리 칠 때
난자는 고민에 빠진다
어느 놈 선택할까?

공기들의 진동
압축과 팽창의 반복
소 밀 소 밀 공기 진동할 때
관측자는 혼란에 빠진다
어느 진동수 선택할까?

전자들의 진동
전기 쌍극자 상하로 진동하여
앞 뒤 앞 뒤로 퍼져 나갈 때
수신기는 혼란에 빠진다
어느 주파수 선택할까?

광파들의 진동
전기장 자기장 수직으로
마루 골 마루 골 만들어 나갈 때
사람들은 혼란에 빠진다
어느 빛 선택할까?

수면파의 진동
각기 다른 원형으로
출렁 출렁 물결치며 나아갈 때
꽃잎은 고민에 빠진다
어느 놈 선택하여 나아갈까?

자연은
선택의 연속

난자는
먼저 온 놈 뿌리치고
말춤 추는 사내 불러들여
새로운 율동으로
승부하듯

주체는
감성 밈 뿌리치고
이성 밈 불러들여
종자 개량으로
맞선다

Tip

전기 쌍극자 : electric dipole. 크기가 같고 극성이 서로 반대인 +, − 전하의 한 쌍

밈(MEME) : 리처드 도킨스는 '이기적인 유전자' 에서 육체를 이루고 있는 최소 단위를 gene이라 하듯, 정신을 이루고 있는 최소 단위는 meme(밈)이라 하였다. 그리고 이 meme(밈)에는 이성적인 밈과 감성적인 밈을 가지고 있다고 주장하였다.

소리는 소밀파인 종파이기 때문에 공기를 소 밀 소 밀로 진동시켜 전파시킨다. 전자기파는 전기 쌍극자인 양전하 음전하가 진동하여 전기장이 발생하면 수직으로 자기장이 생겨 각각에 수직한 방향으로 전파해 나가는 횡파다. 광파(빛)는 전자기파의 일종이기 때문에 횡파다. 수면파는 물결파로 매질인 물입자는 아래 위로 진동만할 뿐 퍼져 나가지는 않는다. 다만 에너지만 전파될 뿐이다.

청화백자

빼꾹　빼꾹　빼 빽꾹
벽시계
살아 움직이는
어둠의
새벽 시간

한 줄기 달빛
난 잎
헤치고 들어서면
반사광 산란되어
환하게 살아나는
청화백자

스펙트럼 어디에도 없는
파장으로
방안 가득 공간 밝히는
파르스름한 빛

천 삼백도
재벌구이 불꽃 에너지
고스란히 간직했다

서서히 방사하는
청백색 부드러움

포획된 전자들
탈출할 때마다
고유 진동모드로
춤추는
파동

어둠이 있어
더 살아나는
조선의 빛

청화백자

Tip

진동모드 : 정상파의 한 형태로 배와 마디가 규칙적으로 생기는 파동 형태를 말한다.

스펙트럼 : 자연광을 분광기로 분해했을 때 얻어지는 일련의 색 띠

포획 전자 : 백자가 만들어진 다음부터 핵은 매년 일정한 양의 전자를 포획한다. 그랬다가 온도를 600도 이상 올려주면 잡아먹었던 전자들을 방출해 낸다. 이 원리를 이용하여 도자기의 연대를 측정할 수 있다.

2. 얼음 결정의 추억(빛)

쌍 무지개

달무리

프리즘

풍경

용수철 무늬

빛 그림자

구슬치기

구멍

광 구슬

홀로그램 꽃

비단 벌레

이중 실틈

사진기

만화경

레이저

굴절

영상

비단 벌레 2

쌍 무지개

서쪽 하늘 무지개 뜨면
강가에 소 매지 말라 고함치던
할아버지

비 지난 언덕
무지개 뜨면
건너 마을 옹달샘 물 길러 가자던
꼬부랑 할머니

밖에 살던 할아버지 무지개
빨주노초파남보
안에 살던 할머니 무지개
보남파초노주빨

붉은 해 등지고
꼭짓점 앉아보니
둥근 물방울 빛
42도 원뿔로 쏟아져
망막에 맺혀지는 어릴 적 영상

불호령 할아버지 무지개 타고 오시려나

꼬부랑 할머니 무지개 밟고 오시려나

한걸음 달려 마중 나가면
저만치 달아나는
빛 그림자

Tip

무지개는 빛이 물방울을 거쳐 42도 각도에서 들어오고, 1차 무지개(할머니 무지개)의 색 배치는 보남파초노주빨 순 이다. 쌍무지개의 2차 무지개(할아버지 무지개)의 색 배치는 빨주노초파남보 순 이다.

무지개가 둥글게 보이는 이유는 관측자 뒤에서 온 태양광선이 관측자 앞에 있던 수많은 물방울에 의해 굴절 – 반사 – 굴절의 과정을 거쳐 42도 각도로 들어오는 광선만이 관측자의 눈에 들어오기 때문이다.

우리나라 속담에는 '서쪽 하늘에 무지개가 생기면 소를 강가에 매지 말라' 가 있다. 이 속담 속에는 무지개에 관한 여러 개의 과학적 사실이 숨어있다.

1) 아침일 것이다.
2) 서쪽에는 큰 비가 왔을 것이다.
3) 편서풍 때문에 t 시간 후에는 서쪽에 있던 큰 비구름이 몰려와 이곳에도 소낙비가 내릴 것이다.
4) 갑자기 소나기가 오면 강물이 불어 소가 떠내려갈 것이다.

달무리

푸른 달
눈시울이 차갑도록
아프다

둥글면 둥글수록
시퍼런 칼날로 일어서는
얼음결정의 추억

낮에 뜨는 태양
수많은 물방울
굴절되어
42도
무지개 만들 때

첫 키스의 얼굴
보남파초 노주빨
색광으로 태어나고

밤에 뜨는 둥근달
수많은 얼음결정
굴절되어
22도
달무리 만들 때

첫 키스의 추억
빨주노초 파남보
희미하게 죽어간다

차갑고 따뜻할수록
기온 차이로 일어서는
권층운의 차가움

둥근 달
눈동자가 시리도록
슬프다

Tip

무지개 : 빛이 물방울을 거쳐 42도 각도에서 들어오고 색 배치는 안쪽부터 보라색 남색 파란색 초록색 노란색 주황색 빨간색 순 이다.
달무리 : 빛이 얼음결정을 거쳐 22도 각도에서 들어오고 색 배치는 안쪽부터 빨간색 주황색 노란색 초록색 파란색 남색 보라색 순 이다.

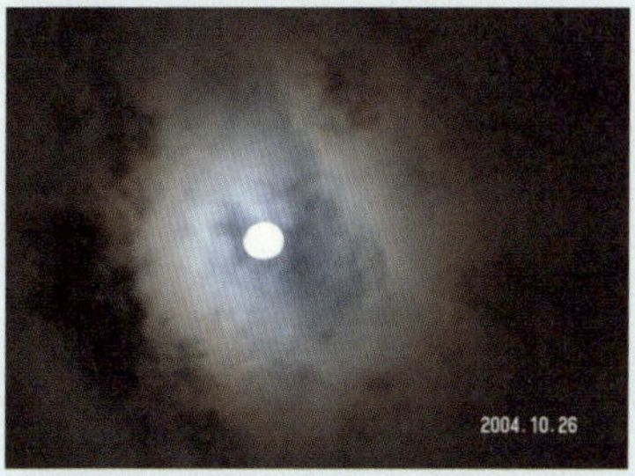

무지개와 달무리는 다음과 같은 점에서 다르다.

1) 무지개는 광원의 반대쪽에서 생기고, 달무리는 광원 주위에서 생긴다.
2) 무지개는 물방울에 의해서 생기고, 달무리는 얼음 결정에 의해서 생긴다.
3) 무지개의 색배치는 보남파초노주빨이고, 달무리의 색배치는 빨주노초파남보로 서로 반대다.
4) 무지개는 42도 각도로 우리 눈에 들어오고, 달무리는 22도 각도로 들어온다.

프리즘

햇살
가득한 날

그대 그리워
마음 졸이다

혹시나
보일까 싶어

그대
고운 얼굴 씻던
세숫대야 물 떠놓고
가만히 들여다 봅니다

마음 흐려
보이지 않나?

그대 나타나지 않습니다

어찌 하면
그대 얼굴 볼 수 있을까

곰곰이 궁리하다
생각 하나 떠올렸습니다

아침이면 아침마다
거울 앞에 앉은 그대
행여 그대 모습 보일까
거울 가져다 물속 비스듬히
집어 넣어봅니다

나르키수스 되어
들여다보지만
그대 또한
보이지 않습니다

햇살
가득 담은 물속엔
깊이 모를 거울 빛만 보입니다
프리즘이라도 생긴 걸까?

허망한 가슴 안고
돌아가려는데
저만치 넓은 벽면
빨주노초파남보
스펙트럼 띠 생겼습니다

그대 그리움

일곱 색 무지개
색광으로 태어났나봅니다

오늘
그대 마음 볼 수 있는
방법 하나 떠올랐습니다

햇살
가득한 오후

Tip

야외에서 세숫대야에 물을 넣고 거울을 비스듬히 집어넣은 다음 반대편 햇빛이 들어오도록 방향을 조절하면 반대편 빌딩의 외벽에 큰 스팩트럼 띠를 발생시킬 수 있다.

나르키수스 : 그리스 신화에 나오는 미소년으로 우물에 비친 자기 모습에 취해 물에 빠져 죽었다. 그가 죽은 후 물가에 한 송이 수선화가 피었다 한다.

풍경(風磬)

처마 끝
허공
물고기 하나
가두어 놓고

바람꽃 피면 피는 대로
등지느러미 통증으로
땡그렁 땡그렁
가슴 치는 소리

지느러미 끝
열십자
라디오미터
세워 놓고

광자 빛 꽂히면 꽂히는 대로
팔랑개비 압력으로
스르륵 스르륵
회전시켜 날아온
태양광 범선

바다인양
하늘 연꽃
심어 놓고

물결파 일면 이는 대로
아래 위 진동시켜
비워라 비워라
소리치는
정토나라 음성이여!

Tip

라디오미터 : 빛에너지를 회전 에너지로 바꾸어 주는 장치로 1873년 윌리엄 크룩스가 처음으로 만들었다. 4개의 바람개비가 빛을 받으면, 검은 면은 광자를 흡수하고 흰 면은 반사한다. 광자가 흰 면에 부딪치면 그 압력에 의해 바람개비는 회전한다. 김은 면에 입사되면 광자는 흡수되어 바람개비는 회전하지 않는다. 이 실험을 통하여 빛이 광자라는 입자로 되어 있음을 확인할 수 있었다. 태양광 범선이 이 라디오미터의 회전력으로 항해한다고 상상했다.

풍경 속에는 열십자의 금속이 있고 이 금속의 끝에는 물고기가 매달려 있다. 바람이 불면 물고기가 움직일 때 마다 열십자가 종의 내부를 때려 소리가 난다. 처마 끝 하늘에 종을 매달고, 그 종을 물고기가 치도록 만들었다는 것은 놀라운 상상력이다. 풍경의 맑은 소리로 깨우침을 얻는다.

용수철 무늬

잡아당기면
그때서야 살아나는
상하 대칭 물결무늬

물결은 물결대로
마루 골 살아 움직이듯
와이어는 와이어대로
밝고 어두운 무늬 생성한다

눈높이 맞추어

S 라인
검은 소녀 나타날 때
반 시계 방향 회전해 올라가는
용수바람

역 S 라인
검은 소년 생겨날 때
시계 방향 회전해 올라가는
용수바람

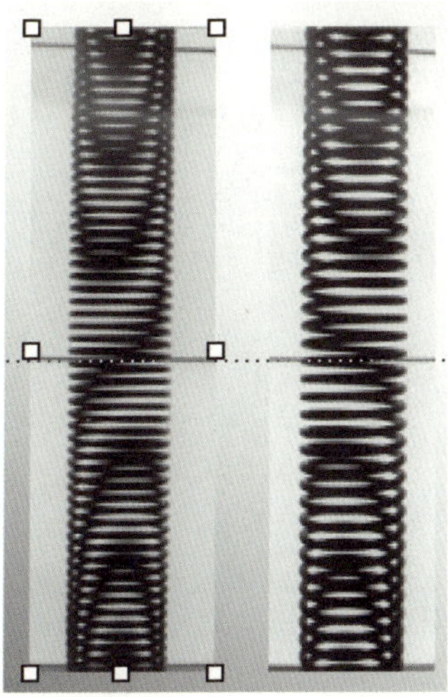

치켜 올려보면 골
아래 내려 보면 마루
상하 대칭으로
짝 이룬다

앞 용수
뒷 용수 겹치면
밝은 무늬

비껴서면
어두운 무늬

멍하니
그대 바라보면

실체의
와이어는 사라지고
대칭 무늬만
살아나는
흑백의 간섭무늬

무아래 무늬

Tip

무아래(Moire) 무늬 : 두 장 이상의 격자(주기적 구조물)가 겹쳐지면 밝고 어두운 새로운 형태의 물결무늬가 생성된다. 이 무늬를 겹침무늬 또는 무아래 무늬라 한다.

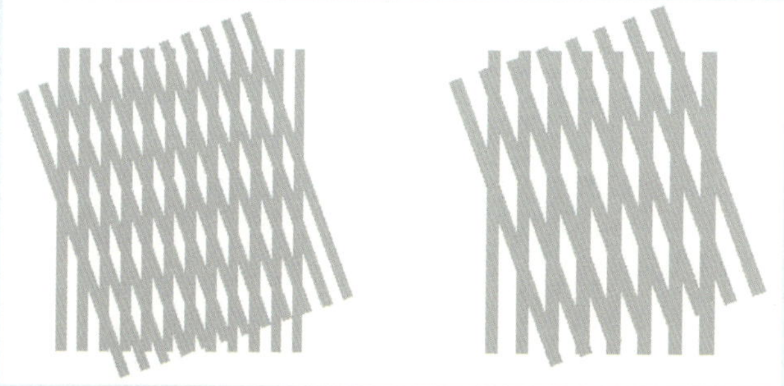

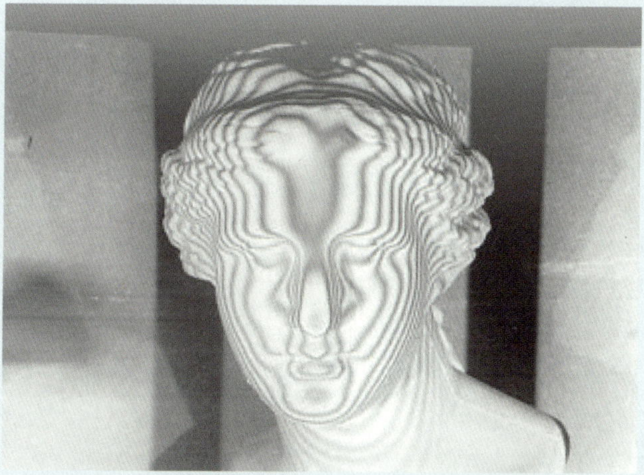

용수철 무아래 무늬 : 용수철을 눈앞에서 잡아 당기면 앞의 그림과 같이 상 하 대칭의 밝고 어두운 무늬가 발생한다. 이 때 항상 눈의 위치에 S자형 또는 역 S자형의 무늬가 생긴다. S자형일 때는 와이어가 반시계 방향으로 회전해 올라갈 때이고, 역 S자형일 때는 와이어가 시계 방향으로 회전해 올라갈 때다. 그리고 첫 번째 무늬는 앞 와이어와 뒤 와이어의 차가 1개일 때이고, 두 번째 무늬는 앞 와이어와 뒤 와이어의 차가 2개일 때다. 용수철 무늬에서 하나의 규칙성을 발견할 수 있다.

빛 그림자

태양
달
지구
일직선 선상

작은 달 해를 품어
손톱 태양 만들 때

하늘만
보지 말고
그대 앞
펼쳐지는 나뭇잎
그림자를
보라

손톱 햇빛 광원 되어
나뭇잎 슬릿 통과하면

바늘구멍
준비마당 원인이 되고
땅바닥 스크린
측정마당 결과 되어

눈썹달 태양 이미지
거꾸로 세워
결상된
빛 그림자 무리

모두들
하늘만 바라볼 때
나 홀로 찾아간
바닥 스크린

태양 이미지

Tip

부분일식 : 달이 태양의 일부분을 가리는 천문현상.

부분일식이 일어날 때 바닥에 비친 나무 그림자를 보면 나뭇잎 슬릿에 의해서 만들어진 태양 모양의 수많은 빛 그림자가 사진과 같이 나타난다.
부분일식이 일어나지 않을 때 태양광에 의한 나뭇잎 틈에 의해 생기는 그림자는 원 모양이 아닌데 부분일식이 일어날 때는 왜 손톱 달 모양의 수많은 상이 생기는 것일까 ? 신비스런 자연 현상을 노래했다.

슬릿 : 작은 실틈

구슬치기

이른 봄
아침 햇살
고양이 코털 위에 졸고 있을 때
마당 한 가운데 그려진 삼각형

이놈 저놈 가져다 논
한줌 유리구슬
무덤처럼
버티고 앉아 있다.

상기된 아이들 다섯 발짝 뛴 걸음
정지선 그려놓으면
제 각각 곡조 타고 굴러가는
색색 광자(光子)들

문턱 넘지 못해 포획된 광자
삼각형 꼭짓점에 울고 있고

한계 파장 뛰어넘은 짧은 광자
시간 지연 없이 달아난다

문턱 넘어 뛰어넘는
아이들 웃음소리

동네가 떠나간다
자지러진다.

Tip

광전효과 : 금속의 표면에 한계파장(금속이 가지고 있는 파장)보다 짧은 빛(에너지가 큰 빛)을 쪼이면 금속에 갇혀 있던 전자가 튀어 나오고, 긴 파장의 빛(에너지가 작은 빛)을 쪼이면 전자가 튀어나오지 못한다. 이 때 튀어나온 전자를 광전자라 한다. 이 실험으로 빛의 입자설이 나오게 되어 아인슈타인은 광전효과에 의한 광양자설로 노벨상을 받았다.

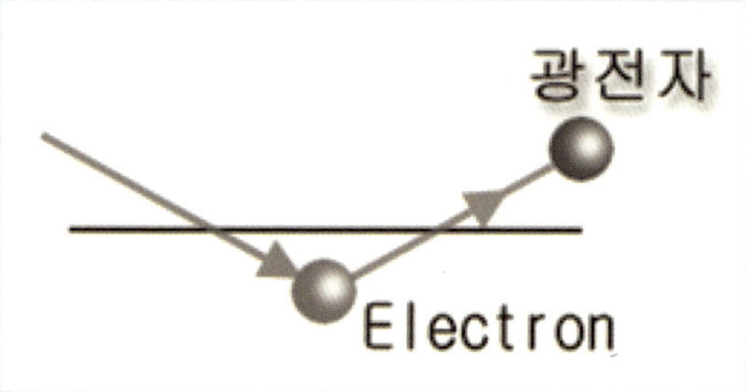

마당 한 가운데 삼각형 그려놓고, 삼각형에 구슬을 놓아 멀리서 한 사람씩 구슬을 맞추어 명중시키며 따먹는 놀이를 광전효과와 연결시켰다.

구멍

광자가
들여다보는
핀 홀 구멍
저 너머 세상

내 눈에
보이지 않는데
광자는
잘 보이나보다

수직으로 뚫린 구멍
수평으로 무늬 만들고

사각으로 뚫린 구멍
열십자로 대답할 때

원형으로 뚫린 구멍
장미꽃 이미지 만든다

광자는
파동으로 태어나
장미꽃 피우는데

나는
알갱이로 태어나
꽃바람 피우나

인간이
들여다보는 문틈 구멍
저 너머 세상

환상의 세상

Tip

핀 홀 : 마이크로 단위의 아주 작은 구멍
광자(光子, photon) : 빛을 양자(量子, quantum)의 입장에서 광자라 한다.

▲수직슬릿

▲수평슬릿

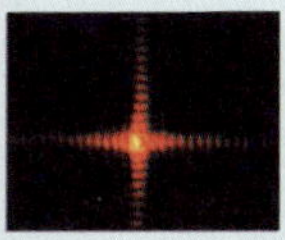

▲사각형 슬릿

▲삼각형 슬릿

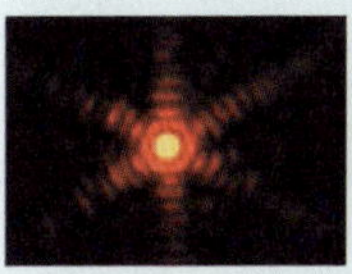

▲육각 구멍

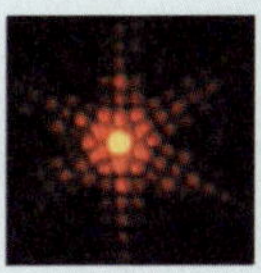

▲팔각구멍

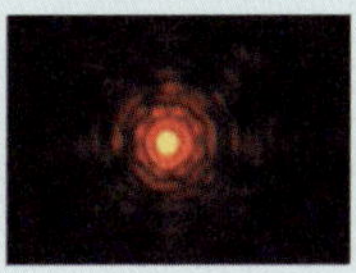

▲별모양 구멍

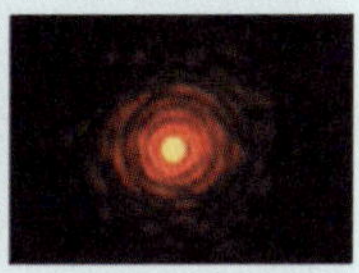

▲원형 구멍

그림에서 보듯 무늬는 슬릿 축에 항상 수직으로 발생한다. 따라서 수평 슬릿은 수직 무늬를 만들고, 사각 구멍은 열십자 무늬를 만든다. 따라서 원형 구멍은 장미꽃 모양의 수많은 원형 축 무늬를 만든다. 이런 현상은 빛이 입자가 아니라 파동이기 때문에 생기는 빛의 파동현상이다.

광 구슬

햇살 가득한 오후

한 떼의 아이들
황토 흙 마당에서 실험을 한다

막대기 하나 꺾어들고
쓱 쓱 그리더니
삼각 담 감옥하나 만들어놓고
유리구슬 하나씩
가두어 둔다

삼각형 중심
소복이 쌓이는
광 구슬

색색으로 반짝이는
구속 전자들

다섯 발짝
저만치 달려 나가
기다랗게 출발선 그리더니

저마다 다른 파장
빛 구슬 던진다

포획된 구슬 죽어야 하고
탈출한 구슬 광속으로 되살아나는
게임의 법칙

맞은 자와
때린 자 사이
적용되는 운동량 보존

수평과 수직으로
분해해야 풀리는
수수께끼

때린 자와 맞은 자 사이
적용되는 운동량 보존

입자와 파동으로
취급해야 해결되는
소립자 놀이
당구 게임

빛과 물질의 상호작용

Tip

컴퓨턴 효과 : 최초로 광자와 전자로 당구 게임을 시도한 실험이다. 금속 내에 정지해 있는 전자를 광자로 충돌시키는 실험이다. 이 실험을 통하여 광자가 산란되어 파장이 길어지는 것으로 빛의 입자성과 파동성을 입증하였다. 이 때 운동량과 운동에너지는 보존된다. 컴퓨턴은 이 실험으로 노벨상을 수상하였다.

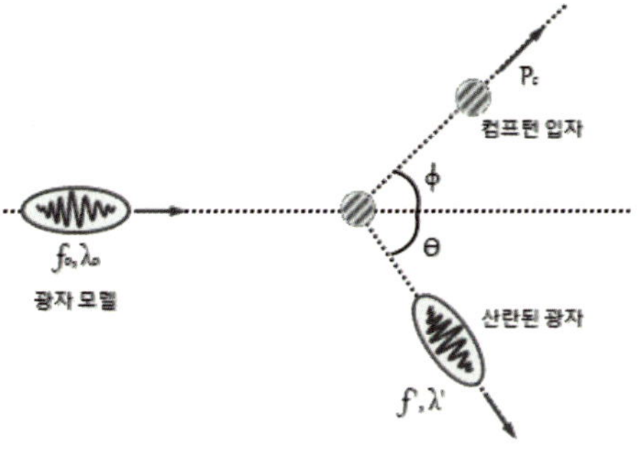

컴퓨턴 효과를 어린 시절 마당에서 구슬을 갖고 놀던 구슬치기로 비유하였다.

홀로그램 꽃

꽃이 핀다
꽃이 핀다
감꽃이 핀다
망막 필름위에 감꽃이 핀다

찰칵
주파수 없는 소리에
두 갈래 갈라진 광선
기준파와 물체파

핀 홀 비집고 들어서더니
맑은 홍시빛 우주를 덮고
헤어졌다 만나

차디찬 유리위에
살아나는 이미지의 꽃
허상의 꽃

어둠의 공간에 두둥실
말간 홍시꽃 핀다

간섭무늬
홀로그램

가자 가자 저 언덕넘어
마음꽃 피우러
홍시꽃 피우러

암실로 가자

Tip

홀로그램 : 간섭기법에 의해서 만들어지는 3차원 위상 기록사진. 홀로그램 사진을 찍기 위해서는 암실에서 하나의 레이저 광을 기준파와 물체파의 두 개로 분리시켰다가 다시 중첩시켜 간섭무늬를 만들어야 한다. 홀로그램 사진은 부분이 전체의 정보를 기록하고 있다.

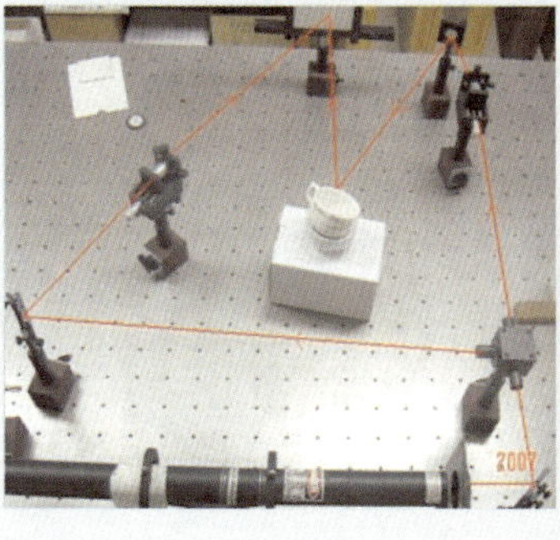

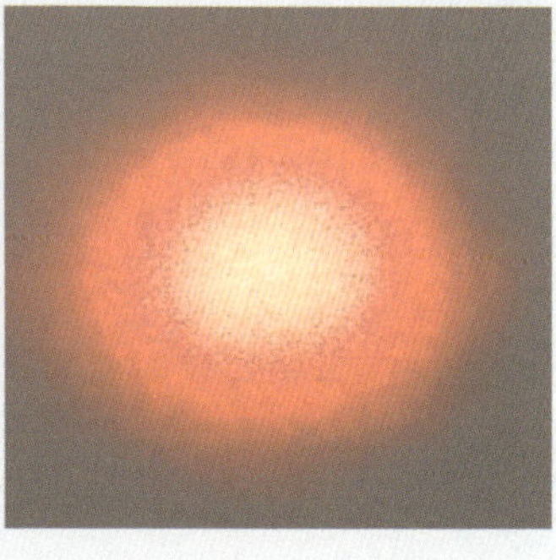

비단 벌레

그녀는
천년동안
무덤 속에 누워있었어

황남대총 고분
어둠의 공간

말안장 가리개위
둥지 틀고
수백 동료들과
천년을 기다렸어

어느 날
곡괭이로
문 두드리는 소리

발굴이라는 미명 아래
깨고 부수고
문 열리는 순간

청백색 증기 타고

우아한 날갯짓으로
탈출을 시도 했어

한줄기
말씀의 광선
날개 껍질에 반사될 때
세상은 온통 무지개 빛

그녀는 더 이상
말갖춤에 장식된 화석이 아닌
천년의 사랑
찾아 떠나는 UFO

시각적 신호
바뀔 때 마다 눈 반짝여
공진 주파수로 사랑을 하고

화려한 겉껍질 색깔무늬
빛 반사시켜 짝 찾아 나서는
외계인

표면은
아라고나이트
타일 격자 줄무늬 군집

시각 따라 변하는

무지개 빛 색광의 셀
숨겨진 그녀의 회절무늬는
천년 불사의 꿈

소녀의 머리핀에서 새로 태어난다
오늘도

Tip

황남대총 고분 : 경주시 황남동에 있는 신라시대의 고분. 황남대총 고분에서 비단벌레로 만든 장식이 들어간 말안장이 발굴되었다.

공진 : 고유 진동수로 진동하고 있는 하나의 진동체에 다른 진동체를 가까이 하면 다른 진동체도 같은 고유 진동수로 진동하는 현상.

아라고나이트 : 벽돌 타일형태의 줄무늬, 전자현미경으로 비단벌레의 겉껍질을 보면 표면 상태가 벽돌 타일 형태의 줄무늬로 되어 있다

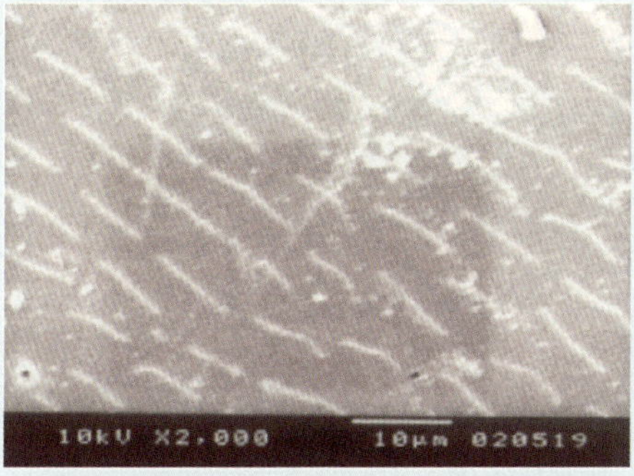

비단벌레의 겉껍질은 무지개 빛의 아름다운 색채를 띤다. 특히 바라보는 각도에 따라 색깔이 변한다. 그 이유는 껍질면에 수많은 홈이 파여 있어 반사형 회절격자 역할을 하기 때문이다. 따라서 무지개 빛이 나타나는 이유는 빛의 간섭현상이라기보다는 회절현상이다. 옛 조상들도 비단벌레 껍질에서 나오는 찬란한 빛에 매료되어 공주의 머리장식이나 왕자의 말안장 장식품을 만들 때 비단벌레 껍질을 활용하였다.

이중 실틈

날카로운
면도날 두 장

부드럽게 잡고
번개가 지나가듯
내려 그으면

그 때서야 생기는 이중슬릿
실틈

직선 필라멘트
전구

요땅 !

출발 신호탄 터지면
광속으로 달려가는
쌍둥이 광자들

이중 실틈 비집고
앞 다투어 가려다

넘어지고 자빠지고
충돌하여 일어서는
입자의 속성

실틈은 아무나 비집고
들어가나?

변신을 해
변신
껍데기 모두 버리고
본성으로
돌아가

소리치는 할아버지

장애물 뒷편으로
휘어 들어가
겹쳐
진
파동
이름하여
애돌이 현상

같은 위상
보강으로 태어나고
다른 위상

상쇄되어 사라지면

스크린에 펼쳐지는
형형색색 무늬들

안쪽 보라빛 배치하고
바깥쪽 빨간빛 배치하여
대칭으로 살아나는
간섭의 향연

Tip

Young의 2중 슬릿에 의한 간섭실험 : 면도날 2장으로 슬릿(틈)을 만들어 직선 필라멘트 전구 불빛을 보면 아름다운 등 간격의 색띠가 생긴다. 이 때 이중슬릿의 폭이 크면 회절무늬가 발생하고, 이중 슬릿의 간격이 매우 작으면 간섭무늬가 발생한다. 두 요인이 모두 기여하면 회절 간섭무늬가 발생한다. 이는 빛이 입자가 아니라 파동이라는 강력한 증거다.

사진기

어둠상자
구멍하나 뚫어 놓고
거꾸로 그림 하나 그리다
성이 안 찼다

볼록 유리
끼워 넣고
찰칵 누르는 순간
망막에 맺혔던 3차원 홀로 그림
캔버스에 맺혔다
2차원 진폭 이미지

스크린에는
두 인간이 서 있다

피사체가 지니는 드러난 진실
읽어내는 자

단두대 밧줄 끊는
집행자처럼
차갑고 날카롭게

셔터를 누르지만
마음의 심도
영원 속 찰나를 표현하는
카르마의 수행

이미지가 지니는 숨겨진 진실
발견하는 자

작가의 숨 줄 끊는
비평가처럼
날카롭고 냉정하게
볼펜을 굴리지만
교감의 심도
찰나 속 영원을 읽어내는
깨달음의 수행

Tip

카르마 : 업의 다른 말로 행위를 뜻하는 말이다.

초점심도 : 사진 촬영 시 물체의 상이 선명하게 결상되는 범위를 말한다.

한 장의 사진에는 세 사람의 마음이 담겨 있다. 사진을 찍히는 피사체, 찰칵 셔터를 누르는 작가의 마음과 사진을 감상하는 관찰자의 세 마음에 의해서 달리 읽혀진다. 대상체가 가지고 있는 드러난 실체를 찍는 작가는 작품 속에 어떤 진실을 숨겨놓고 있는 것일까? 그리고 셔터를 누르는 순간 작가가 사진 속에 숨겨놓은 진실을 관찰자는 얼마나 작가의 마음을 읽어 낼 수 있을까?

만화경

구멍 뚫고
숨죽여 들여다보면
어둠은 도망가고
환상의 세계로 초대하는 광 캔버스

열린 거울
세워놓고 마주 설 때
차갑게 다가오는 좌우반대 정립 허상
2차원 평면으로 대답하더니

닫힌 거울
세워놓고 들여다 볼 때
자기 복제 끝없이 펼쳐지는 프랙털 허상
3차원 착시공간 빠뜨린다
나를

구멍이면
모든 빛 품는다지만
어둠의 공간에
씨알 몇 개 뿌려주면
대칭으로 태어나는 환상의 빛 마당

두 얼굴이 보인다

한 치의
오차도 허용치 않는
기하학적 필연성의 차가운 얼굴

착시
효과로 현기증 일으키는
물리학적 대칭성
몽환의 얼굴

너는

몇 개 거울
몇 도 각도
속 거울 삼각기둥 세워 놓고

작은 어둔 공간
빛 하나 끌어들여
우주 공간 만들어 놓고

내칭의
파노라마 펼쳐 놓는
동화 속 나라

내 꿈속 나라

Tip

만화경(Kaleidoscope) : 거울로 된 삼각 거울통에 형형색색의 종이 조각이나 유리구슬 등을 넣어 환상적인 아름다운 무늬를 볼 수 있도록 만든 장치다. 데이비드 브루스터 경(卿)이 19세기에 처음 만들었다.

프랙털 : 임의의 한 부분이 전체 형태와 닮은 도형의 대칭구조를 만들어 나가는 구조를 말한다. 눈송이도 하나의 프랙털 구조다.

레이저

우르릉 쾅
천둥 번개 일더니
한 줄기
소나기 지나갑니다

비갠 오후
햇살 가득한 운동장

한 떼의 아이들
우르르 몰려가다
개구쟁이 한 아이
뛰어나가
플라타너스 나무기둥
박차고 달아납니다

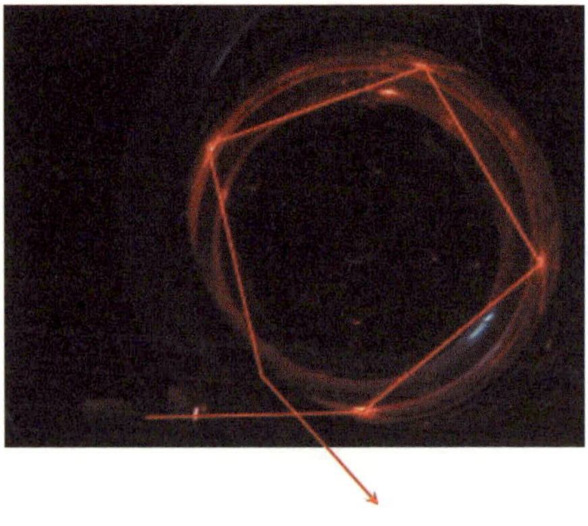

자지러지는
여자 아이들 비명소리
주저앉은 어깨 위
물젖은 속살

화들짝 놀라 방출되는

한 줄기 색광
코드번호 6328
헬륨네온 광선

오직 하나의 파장
단일 진동으로 승부하는
소녀시대의 군무
물결치는 몸짓

거대한 돌판 위에
벽화를 그린다

두터운 철판에
꽃잎을 만든다

Tip

LASER : 레이저 빛을 얻으려면 바닥상태에 있는 전자나 원자들을 상위레벨로 펌핑 시켰다가 한꺼번에 떨어지도록 해야 한다. 따라서 레이저 광이 발진하기 위해서는 매질, 펌핑 시스템, 공진기(두 개의 거울)가 있어야 한다. 레이저 광은 단일파장의 순수한 빛이다. 출력이 높은 레이저로 철판을 절단할 수 있고, 돌판에 그림을 그릴 수도 있다.

헬륨 네온 레이저 : 파장이 6238 옹그스트롱의 붉은색 빛을 내는 기체 레이저다.

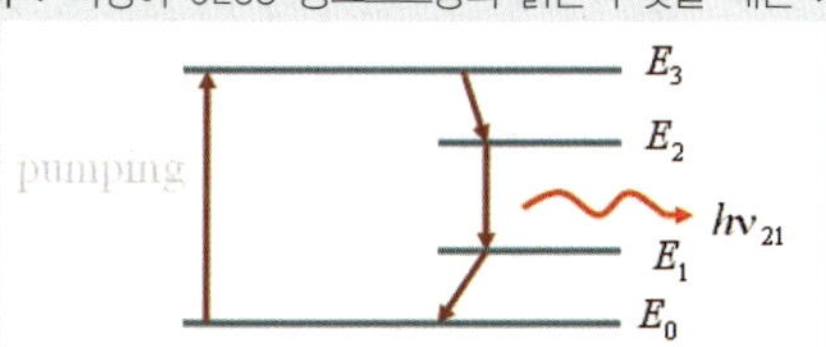

소낙비가 내리고 난 여름철 오후
한 떼의 여자 아이들이 플라타너스 나무 밑을 지나가고 있다. 뒤에서 따라가고 있던 사내아이들 중 한 아이가 갑자기 뛰어나가 나무 기둥을 발로차고 도망간다. 물방울 세례를 받은 여자 아이들이 주저앉아 비명 지르는 정황을 레이저 발진의 원리와 비유했다.

굴절

아파트 숲 사이로 달빛 내리면
어둠속 방사하는 가마불 에너지

붉은 장작불 다 태워 버리고
청백색
불꽃으로 태어난
청화백자 어문사발

백년은 갇혀있을
긴 수염 잉어 한 마리

물 한 모금 떠다주면
살아날 것 같아
맑은 물 떠다 조금씩 조금씩
부어봅니다.

청백색 고기비늘
점점 커지더니
동그란 주둥이
꿈뻑 꿈뻑 움직이고
파다닥

꼬리 치며 살아 움직이는
청색 잉어 한 마리

3차원 홀로그램 영상 되어
온 방안 휘젓고 다닐 때쯤
나
어느새 한 마리 잉어 되어
대청호 수중궁궐로 날아갑니다.

흰 수염 할아버지 헛기침 소리
화들짝 놀라 마당 쓸던
고향집 물속으로
돌아갑니다.

Tip

청화백자 어문사발 : 청화백자 사발 안에 잉어를 그려 넣은 그릇. 이 사발에 물을 넣으면 물속 잉어는 굴절현상에 의해 점점 더 크게 보인다.

대청호 : 대전광역시에 있는 호수. 저자는 대청호 수몰민이다.
홀로그램(hologram) : 빛의 간섭원리를 이용하여 간섭성 광원을 물체파와 기준파로 분리시켰다가 다시 만나게 하여 만들어지는 3차원 간섭 이미지 사진.
한 밤중 밖의 달빛에 비친 청화백자는 청백색의 아름다운 색을 낸다. 그것은 백자가 만들어진 후 포획한 전자들을 방출하기 때문에 생기는 빛이라고 상상해본다.

영상(映像)

손끝
침 발라
문구멍 하나 뚫고

왼쪽
눈동자
바짝 밀어
바깥세상 엿보던 아이

아날로그 사진 찍습니다.

찰칵 찰칵
형태로 기록되는
이미지 필름

사진 한 장 가져 옵니다

오른쪽
눈동자
바짝 밀어
바깥세상 엿보던 아이

디지털 사진 찍습니다.

찰칵 찰칵
숫자로 기록되는
내부 기억장치

사진 한 장 내려 받습니다

손끝
침 발라
구멍 하나 또 뚫고

두
눈동자
바짝 밀어
바깥세상 엿보던 아이

홀로그램 사진 찍습니다

찰칵 찰칵
형태와 숫자로
주고받는 두뇌정보

사진 한 장 담아둡니다

부분이 전체되고

전체가 부분되는

3차원
간섭무늬
깨달음의 원천이여!

Tip

아날로그 사진 : 필름 카메라로 촬영하여 얻은 사진(눈으로 보고-누르고-가져오기)
디지털 사진 : 디지털 카메라로 촬영하여 얻은 사진(눈으로 보고-누르고-내려받기)
홀로그램 영상 : 진폭과 위상이 기록된 3차원 입체 영상(두 눈으로 보고-소리 없이 누르고-담아두기)
인간의 왼쪽 눈은 우뇌가 관장하고 이 왼쪽 눈은 물체를 형태로 인식한다.
인간의 오른쪽 눈은 좌뇌가 관장하고 이 오른쪽 눈은 물체를 숫자로 인식한다.

비단 벌레 2

나는

천연기념물 496호
멸종위기 종
옥충(玉蟲)

옛날 옛적

공주마마
머리핀에
나비되어 춤추었고

왕자마마
말안장에
바람 되어 달렸다

날개 딱지
아름다운 무지개 빛
시각 따라 변하는
찬란한 색광

딱지 날개 위 얇은 막
둘로 나뉘었다
다시 만나 중첩되는
간섭현상일까

겉껍질 날개 위
수많은 줄

회절격자 반사 되어
포개지는
회절현상일까

꼬리에 꼬리를 무는 호기심

자연은
살아있는 실험 마당

우리의 스승

Tip

회절격자 판 : CD 판처럼 표면에 수 많은 홈이 있어 빛을 분광시키는 판.

비단벌레의 겉껍질은 무지개 빛의 아름다운 색채를 띤다. 특히 바라보는 각도에 따라 색깔이 변한다. 그 이유는 껍질면에 수많은 홈이 파여 있어 반사형 회절격자 역할을 하기 때문이다. 따라서 빛의 간섭현상이라기보다는 회절현상이다.

3. 아침마다 연꽃이 된다(현상)

주상절리

솟구쳐
올라오는
황금색 마그마

연직 상방 분출하다
중력 못 이겨 낙하할 때
활짝 펼쳐진 주름치마

용머리 부챗살
치맛자락
불놀이

여인은
어디 가고
치마만 놓여있나

하얀 파도
골 따라 빨래하고
소금 바람
마루 따라 건조시켜
세월은 흑갈색 현무암

중심 향해 쳐 들어와
수평으로 누운
방사선

바람
높은 날
하얀 파도
포말 일 면

중심점
웅덩이에
옥색으로 일어서는
관세음보살

Tip

주상절리 : 용암이 흐르다가 바다와 만나면서 굳을 때 육각 기둥모양으로 굳어져 생긴 지형이다.
경주 읍천 주상절리 : 마그마가 다양한 방향으로 냉각이 진행되면서 생성된 부채꼴 모양의 주상절리(柱狀節理 · 현무암질 용암류와 같은 분출암이나 관입암에 발달하는 기둥 모양으로 평행한 절리)로 수평 방향의 주상절리가 대규모로 발달되어 있다.
마그마 : 마그마란 암석이 녹아있는 용융체를 말한다.

우리나라 유일의 수직기둥이 아닌 치마를 벗어 놓은 것처럼 방사형태로 만들어진 주상절리를 보고 주상절리를 관세음보살의 치마로 상상하였다.

지문

아버지
쟁기자루 거머쥐고
어머니
황소고삐 힘겹게 당길 때

이랴! 이랴!
청랑한 사내 목소리
산중을 울린다

양지바른 자갈 밭
덜 덜 덜
쟁기 날 지나갈 때

마루 골 마루 골
줄무늬 만들고

우유 빛 육신 밭
스륵 스륵 스르륵
사랑 날 지나갈 때

DNA RNA DNA RNA
사랑무늬 생성 된다

부분의 고랑에 두뇌 정보 숨겨놓고
꼭꼭 숨겨 놓고
여러 가지 파형으로 이미지 저장해 놓고
꼭꼭 저장해 놓고

홀로그램 방식으로 재생하는
생체 무늬

앞에서 끌고
뒤에서 몰고 몰아
우뚝 선 마루에 씨알하나
뿌려놓고

움푹 팬 골 바닥
한 모금
물 뿌려놓으면

힘차게 올라오는
사랑의 싹이여

생명의 씨알이여!

Tip

DNA : 유전 정보를 복제하는 역할을 한다
RNA : 그 정보를 전달하는 역할을 한다
홀로그램 방식 : 물체의 진폭 뿐 아니라 위상까지도 기록하여 3차원으로 기록하는 방식
지문의 줄무늬를 산골 밭 다랑이의 쟁기 날이 만들어 놓은 밭고랑으로 비유하였다. 지문은 아버지 어머니로부터 받은 DNA와 RNA 정보가 들어 있는 생체정보의 창고다.

영(零)

한
가운데 좌정하고 앉아
사방천지를 관장하는
존재의 시발점

오른쪽 놓으면
지대무한 팽창하다
왼쪽 놓으면
아무런 작용도 못하는
사탄의 혓바닥

아무리 더해봐도
소용 없지만
곱하면 모든 것
무의 세계로 돌려놓는
마법의 문

왼팔에 어둠의 분동
올려놓고
오른팔에 양지의 무게
측정하는 지렛대 원리
평형의 추

Tip

양팔저울 : 지레의 원리를 이용한 가장 기본적인 질량 측정 기구로 한쪽 팔에 추를 다른 쪽 팔에 측정하고자 하는 물체를 놓아 질량을 측정하는 기구

지렛대의 원리 : 막대를 이용하여 힘을 전달하는 도구로 받침점, 힘점, 작용점의 위치에 따라 지레를 세 종류로 분류한다.
1,2종 지레는 작은 힘으로 큰 힘을 내기 위한 것이고, 3종 지레는 보다 빨리 물체를 움직이기 위한 것이다.

거울은

성냄도 탐욕도
다 받아내고
무한의 깊이로
포용하는
나의 얼굴이라 하자

곁에 있어도
보고 싶은
너의 얼굴이라 하자

청백색 홍황색
모두 수용하고
세월의 깊이로
변해가는
나의 눈빛이라 하자

가만히
들여다보면
빨려 들어갈 것 같은
너의 눈빛이라 하자

사랑도 미움도
모두 흡수하고
겉모습만 반사하는
허상의 마음이라 하자

닦으면 닦을수록
더 그리워지는
나의 마음이라 하자

있음도 없음도
다 버리고
죽으면 사라져버리는
육신의 영혼이라 하자

부정하면 부정할수록
더 살아나는
우리의 영혼이라 하자

고속 촬영

오른다
오른다
솟아 오른다

잡티 하나 없는 녹색 기둥
머리채 흔들며 경쟁 하듯
태양 향해 치솟아 올라
제 몸짓으로 서서 내 지르는
존재의 함성

피운다
피운다
꽃을 피운다

잡색 하나 없는 꽃봉오리
젖꼭지 꽃망울로 홀로서다
하늘 향해 치솟아 올라
한 치 오차 없이 펼쳐지는
꽃잎의 질서

서있다
서있다
당당히 서있다

곁가지 하나 없는 꽃 대궁
지금이 곧 영원이듯
우주 향해 꼿꼿이 서서
제 곡조로 맑은 향기 내는
연꽃의 하루

떨어진다
떨어진다
뚝뚝 떨어진다

망설임 하나 없는 꽃잎들
잔잔한 물살에 요동을 쳐도
진흙탕 더러움에 물들지 않고
떠날 때 스스로 사라지는
불심의 상징

Tip

고속촬영 : 영화는 정지된 사진 24장을 1초 동안 연속해서 보는 것과 같은 효과가 나도록 1초에 24장의 프레임을 촬영한다. 그런데 1초당 48프레임으로 영사하면 슬로 모션으로 영사된다. 1초당 4000장 이상을 처리하는 초고속카메라는 더 많은 슬로 모션이 영사된다. 그래서 고속 촬영이라 함은 실제보다 느리게 보이는 화면 효과를 만드는 기법을 말한다.

공명

꽃잎
벌어지는 아침시간

곧게 오른 대궁 하나에
오직
하나의 봉오리만 허용하고
대칭으로
서 있는 꽃

진흙에 뿌리 두되
더러움 물들지 않고

물 속 줄기 드리우되
요염하지 않은
고결의 꽃

오목 잎새 위
물방울들
군무 시작될 때

바람도 없이

꽃잎 열리는 소리

공명으로 연주하는
연잎들의
향연

나는
외롭지 않기 위해
아침마다
연꽃이 된다.

Tip

공명 : 고유 진동수로 진동하고 있는 하나의 진동체에 다른 진동체를 가까이 하면 다른 진동체도 같은 고유 진동수로 진동하는 현상.

채석강

민박집 바람벽에
등 붙이고
쪼그려
앉아

잠
들은
네 얼굴
내려다 보면
떠오르는 신기루

변산 가는 길

밤바다 파도소리
등 떠밀며
안아라
안아라
소리치다
화들짝 깨어난다

격포 가는 길

선운사
쇠북소리
바다가 울고

내소사
범종소리
산중이 울어

중첩으로 붉게 타 오르더니

수평선 물밑
가라앉는
태양
층
층
쌓아놓는
채석강 절벽

어둠이 깊어지는
전나무 길
하얗게
일어서는 소금밭

등 굽은
머슴 얼굴
술 빛으로 익는다

Tip

중첩 : 두 개의 파가 포개지는 현상

신기루 : 대기 중에서 멀리 떨어진 물체를 보았을 때 그 모양이 심하게 왜곡되거나 굽어보이는 현상이다. 신기루 현상은 지표면과 상층부의 공기의 밀도 차에 의한 굴절이상으로 광선이 휘기 때문에 발생하는 자연현상이다.

변산반도에는 채석강이 있고, 격포, 선운사, 내소사가 있다.

그림자

투명의 물체에선
태어날 수 없는
넌
오욕의 몸체에서만
낮은 곳으로 살아난다

일곱 색 단장으로
육신을 휘 감아도
넌
오직 검은색으로만
내려앉는 단색의 진리

치켜 올려다보면
보이지 않는
넌
내려다 보아야만
보이는 겸손의 소리

한 발짝 걸음으로
움켜쥐려 다가가도
넌

오직 부동의 자세로만
누워있는 무감의 빛

태양의 반대편에서
한 평생 따라 다니다
나
흙에 눕는 날

그림자로 함께 묻히는
내 육신의 영원한
짝

Tip

오욕 : 재욕(財欲)·색욕(色欲)·탐욕(貪欲)·명욕(名欲)·수면욕(睡眠欲)의 다섯 가지 욕심

청동거울

반사율
제로
꺼칠꺼칠
청동 거울

박물관에 가면
깨지지 않는
도깨비 거울이 있다

아무리
비춰봐도
보이지 않는
앞이 뒤가 되고
뒤가 앞이되는
거울 아닌
거울

아무도 몰래
훔쳐다
닦아 본다

닦으면 닦을수록
살아나는
천년의 빛살

그 속에는

아내가 있고
어머니도 있고
할머니도 있다.

Tip

청동거울 : 청동기 시대에 청동으로 만든 거울. 앞면에는 거울 면이 있고 뒷면에는 용이나 도깨비 형상이 그려있다.
박물관에 가면 거울의 뒷면이 전시되어있다.
그 이유는 박물관에서는 거울 앞면이 중요한 것이 아니라 거울 뒷면의 문양이 중요하기 때문이다. 문양을 보고 거울이 만들어진 시대나 생활상을 예측할 수 있기 때문이다.

청성 막걸리

궁촌재 넘어
달려 내려가면
청성 막걸리
보인다

우유 빛 표면 위
두둥실 떠오르는
얼굴

술이 있어 그대 있는가
그대 있어 술이 있는가

하늘 빛 허공 위
살아 다가오는
마음

가자 가자
유리창 넘어

허상이 실상으로
되살아나는
나의 침실로

Tip

청성 : 충청북도 옥천군 청성면에 있는 마을

표면이 있는 것은 모두가 거울이다. 막걸리 표면위에 떠오르는 얼굴과 마음. 방안 등불의 허상이 유리창 밖에 나타날 때 그 허상을 보고, 유리창 밖의 나를 찾아 떠나고 싶은 마음을 그린 것이다.

마애불 석곡

선운사 가거든
붉은 카펫
깔아 놓고 기다리는
꽃 무릇만 보지 마세요

대웅보전
뒷마당
비탈진 언덕
뚝뚝 떨어진
동백꽃만 보고 오지 마세요

휘어지면
휘어진 채로
기둥 만들어
빛바랜 단청의 주름진 얼굴
목공의 마음을 보고 오세요

도솔암
오르는 옆 길
살짝 돌아서면
거대하게 앉아 가부좌 틀고

꿰뚫어라 쳐다보는 마애석불
석공의 손놀림도 보고 오세요

그게 바로
당신의 얼굴이니까

뿔 달린
납작한 음각 얼굴
치켜 올린 눈 꼬리
도드라진 코
일자로 벌어진 두툼한 입술
어깨에 닿을 듯 기다란 귀
예쁜 구석이라곤 하나도 없는
거칠고 투박한
심술궂은 얼굴
암각 여래 미륵불

한 자락
바다 바람 불거든
'나 여기 있소'
단내 나는 향기로 소리치며
바위 절벽 뿌리박고 매달려 사는
석곡 한번 찾아보고 오세요

채석강
칼바람 모두 다 이겨내고

끈질긴 고집으로 미륵불 지켜온
담홍색 바위 꽃
장생란이랍니다

도솔천
내려오는 길

길 따라 쫓아오는
도랑물
석창포 머리에 이고
백년을 앉아있는 검은 바위에도
눈길 주고 오세요
한번쯤은

Tip

선운사 마애불 : 선운산 도솔암 나한전의 서쪽 자연 암벽에 있는 거대한 마애불상

장생란 : 원명은 석곡(石斛 : Dendrobium moniliforme)이다. 바위나 나무에 붙어사는 착생란(着生蘭)으로 오월에 꽃이 핀다. 향기가 참 맑고 향기롭다. 옛날에는 한약제로 사용되었던 일명 석곡을 말한다.

자화상

내가 만약
정으로 돌을 쪼아
바위그림 그리는 석공이라면

깎아지른 절벽 외줄타고
서산 용현계곡 마애삼존불처럼
미륵의 미소 도톰한 입술
암각화 그릴래요

내가 만약
물감으로 색을 섞어
그리는 화공이라면

아침햇살 문틈 햇빛 타고
이중섭의 울부짖는 황소처럼
노을빛 물든 불타는 눈빛
채색화 그릴래요

내가 만약
가마불로 흙을 구어
토기 굽는 도공이라면

천백도 가마 불꽃타고
삼국시대 황토기 항아리처럼
소박하고 깔끔한 황갈색 피부
홍토기호 만들래요

내가 만약
ATGC로 DNA 만들어
유전정보 복제하는 신령이라면

누에고치 단백의 RNA 줄 타고
띄엄띄엄 불연속 프랑크처럼
반사광 빛나는 번듯한 이마 속
두뇌지도 그릴래요
다시

Tip

DNA : 세포 내에서 생물의 유전 정보를 보관하는 물질. DNA의 주 기능은 장기간에 걸친 정보저장이다. 결합되어 있는 염기에 의해 구분되는 네 종류의 뉴클레오티드(ATGC)가 중합되어 이중 나선 구조를 이룬다.

RNA : 하나의 나선이 길게 꼬여 있는 구조를 지니며, DNA의 일부가 전사되어 만들어진다.

프랑크(M. Plank)는 1913년 에너지는 띄엄 띄엄의 불연속적인 양자로 이루어져있다는 양자이론을 발표해서 1918년도에 노벨상을 수상하였다. $E = nh\nu$

마애삼존불 : 충남 서산시 용형계곡에 있는 마애삼존불은 백제의 미소로 유명하다. 빛이 비추는 방향에 따라 그 모습이 변하는 것이 특징이다.

커피

그곳에
가면

뜨거운 열기가
지옥 불로 타오르는
황금색 크래마 속에서
에티오피아의 아라비카를 만날 수 있다

검붉은
기름 막 수면에
내가 있다

피로에 지친 검은 얼굴
양미간 주름
충혈 된 눈망울 속에
악마의 얼굴이 보인다

절망 하고 일어서다
다시
들여다 본다

타오르는
휘발성 증기막에
또 다른 내가 있다

세월이 염색한 하얀 눈썹
반달 빛 이마
천 번의 키스보다 황홀한 혀끝
천사의 얼굴이 보인다

저녁 노을
타는 눈빛으로 일어서면
아로마의 향기가
사로 잡는다

나는
어느새
그 곳에 가면
인도의 순례자가 되어
돌아온다.

Tip

크래마 : 커피 위에 있는 갈색 거품
커피나무에는 아라비카종, 로부스타종 두 가지가 있다. 아라비카종은 에디오피아에서 생산된다.
아로마향 : 커피에서 나오는 향기
커피의 두 가지 기능 :
악마의 기능 : 잠을 못 자게 한다, 속이 쓰리다, 카페인 성분이 있다.
천사의 기능 : 황홀한 혀끝의 미각, 아로마의 향기, 뇌를 활성화시키는 작용을 한다.
커피 액체의 표면에 떠오르는 두 얼굴. 커피의 부정적인 기능과 긍정적 기능을 액체막 표면에 나타날 수 있는 자신의 두 얼굴로 비유했다. 그리고 인도 순례자들이 커피를 즐겨했던 커피의 순기능을 순례자로 비유했다.

흙터

장독대
백자사발 정화수
꽁꽁 얼어
소복이 넘치는
오후

할아버지 소 팔러 장에 가시고
어머니 군불 때러 부엌 가셨다

삼발이
청동화로

솔 나무 잎새 불
벌겋게 숨죽여
혓바닥 날름거릴 때

엉금엉금 기어가
방바닥 캔버스
불 그림 그리던
아이

제 무게 못 이겨
중력으로 내리치는
인두

쩍-
달라붙는 무릎 살
접촉면 흔적

찌지직
살타는 냄새

자지러지는 울음소리
나자빠지는 비명소리

싸락눈
싸락 싸락
양철지붕 두드릴 때

공명으로 되살아나는
인두자국

반짝 반짝 빛나는
어릴 적
화상의 흔적

Tip

누구나 몸 어딘가에는 작고 큰 흉터가 있다. 그 흉터는 우리가 볼 때마다 반짝 반짝 빛나면서 저장되어있던 과거의 정보를 실타래처럼 풀어내곤 한다.

4. 춤 한번 추실까요(물리)

운동회
청운교
자전거
힘
쥐불놀이
용수철
마찰 1
아하!
발자국
물리 1
개미귀신
물리 2
엔트로피
시간의 방향성
빗방울
물리 3
공
마찰 2
개똥벌레
벡터
델

운동회

던져라
던져
주머니 공 던져
하늘 높이 매달려 있는
표주박 깨부수는 실험을 하자

만국기 휘날리는 황토운동장
청군 백군 응원소리
목 터질 때 쯤
파랑색 스피커
모여라
모여

빵
소리
터지는 순간

오직 하나의 목표
던져지는 수많은 주머니 공
쪼개지는 두 쪽 표주박

가을 하늘
표주박 어느새 원자 되고
주머니 공 알파입자 되어
핵 찾아 떠나는
실험 마당

터지는 함성소리
쏟아지는 플랜카드

“즐거운 가을 운동회 축하합니다”
“맛있는 점심시간“

두 줄 백이 글귀
환호하는 아이들

저마다
엄마 향해 달려가는
웃음소리

한 광주리 가득
얘깃거리
빛나는 가을 햇살

쏴라
쏴
알파입자를 쏴

원자 속
한가운데 핵 향해
러더퍼드 알파입자
실험을 하자

Tip

러더퍼드 알파입자 산란실험 : 러더퍼드가 원자 속에 핵이 있다는 것을 증명한 실험이다. 원자의 중심부에 수많은 알파입자를 쏴서 꺾이어 나가는 것(산란)을 통하여 원자내에는 핵이 있음을 입증하였다. 이 때 알파입자는 + 전하를 띠고 있고, 핵도 + 전하를 띠고 있어 전기적 척력이 작용하여 산란한다.

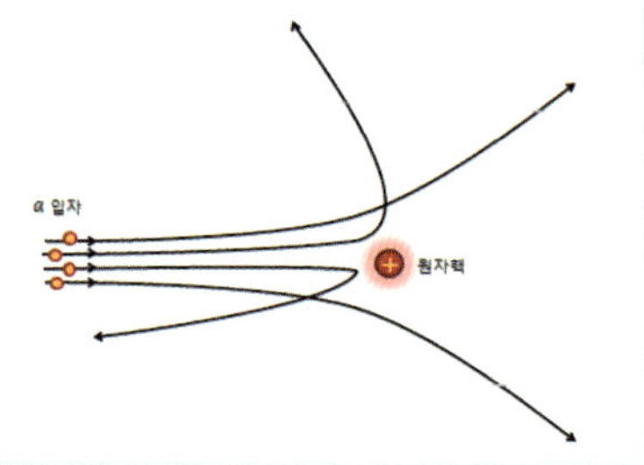

알파입자 : 헬륨의 원자핵(^4_2He)

러더퍼드의 알파입자에 의한 산란실험을 표주박 터트리기 놀이로 비유하였다.

청운교

꽃비라도
내리는 날 솔 나무
바람타고 휘돌아 오는 날
내 활 굽은 등 살포시 밟고
오르시라고 구름다리 지어봅니다

다섯 줄 파형 마루 골 만들어
곱게 곱게 눕히고 열한 개
돌 다듬어 염불소리
잡아봅니다

행여
지진으로
무너질까 두려워
천정 중심돌 사다리꼴 다듬어

아래 위 대칭으로 거꾸로 모셔놓고
융기 침강 방패막이
좌청룡 우백호
대칭으로
놓아

그대
목탁소리
차 따르는 소리
모두 모아 중첩시키면

원형으로 퍼져나가는
그대 목소리
풍경소리

그대
그리워
바람길 놓습니다.

Tip

불국사 청운교의 특징 :

1. 2중 아치로 되어 있는 구름다리형태 : 바람길 설치
2. 안쪽 아치 중심돌은 사다리꼴 쐐기 모양 : 누르는 힘(침강)을 지탱해준다
3. 바깥쪽 아치 중심돌은 역 사다리꼴 쐐기 모양 : 솟아 오르는 힘(융기)을 방지해준다. 지진 발생시 침강과 융기하는 힘이 생길 때 다리가 무너지는 것을 방지한다.
4. 김대성의 독창적인 아이디어로 만든 세계 유일의 명품 다리다.
5. 제1아치는 11개의 돌로 구성, 제2아치는 3개의 돌로 구성, 중심돌 좌우 대칭이다.
6. 아치 모양을 5줄로 쌓아 만들었다.

시의 짜임새 모양을 역 사다리꼴 쐐기, 사다리꼴 쐐기 형태로 지었다. 청운교 밑은 물이 지나가는 것이 아니라 바람이 지나가는 바람길이다.

자전거

바람 빠진
자전거
녹 쓴
페달 위

늙은
아버지 졸고 있다

안개
자욱한 아침
자전거 바퀴 펌프질하던
모습 어디가고
줄무늬 옷 걸치고
누워 계시나

겁먹지 말고
페달
힘껏 밟아봐!

소리치던
아버지

비실비실 쓰러질 듯
기어가는 꽁무니에

한번
달리기 시작하면
계속 달릴 수 있는 거야
계속
페달을 밟아

메아리로 들려온다

왼쪽으로
넘어질 땐
핸들을 왼쪽으로 틀어!

소리치던
아버지

비실비실
넘어질 듯 회전하는
자전거 꽁무니에

크게
회전 반경 돌면
더 안전하게 돌 수 있는 거야
왼쪽으로 크게 돌아

울림 되어 맴돈다

골목길
쩌렁쩌렁 소리치던
아버지
어디 가고
바코드 시계차고
하얀 사각 방 누워
헛소리만 반복하나

찌그러진
자전거
녹 쓴
헤드라이트 위

젊은
아버지 웃고 있다

Tip

관성 : 자신의 운동 상태를 그대로 유지하려는 성질. 자전거가 쓰러지지 않고 달릴 수 있는 것은 이 관성 때문이다.

원심력 : 물체가 회전운동을 할 때 구심력의 반작용으로 생기는 힘으로 원심력은 회전 반경에 반비례하고 속도의 제곱에 비례한다. 자전거가 왼쪽으로 쓰러지려할 때 바깥쪽으로 원심력 생기기 때문에 반대방향으로 핸들을 틀면 쓰러지지만 같은 방향으로 크게 틀면 쓰러지지 않는다.

힘

액션 !

감독의 짧고 굵은
한 마디에
정지해 있던 모든 것
살아 움직이기 시작했다

명령에 따라
마차는 움직이기 시작했고
병정들은 힘차게 행진했다
대포는 불을 뿜기 시작했고
철모는 찌그려져 날아가 버렸다.

오직
작용에 의해서만
의미를 부여받고
반작용으로 되살아나는
너

아는 만큼 보이고
보는 만큼 좋아하고

좋아하는 만큼 즐길 수 있는
에너지의 원천

Tip

뉴턴은 힘을 Action으로 정의하였다. 힘은 작용이고 상호작용이다.

쥐불놀이

돌려라
돌려
깡통을 돌려
바람구멍 불구멍
불 깡통 실험놀이 하자

광솔 나무 사이
불쏘시개 끼워 넣고
씽 씽 돌리면
활활 타오르는 우리들의 꿈
불꽃놀이

모두들
둥글게 둥글게
똑같이 돌리지만
까만 어둠속에 새겨지는
원
타원
단진동 운동
서로 다른 궤적 그린다

벌겋게 빛나는
주황색 궤적
정월 대보름 둥근달 만들고

하얗게 날리는
파란색 연기 줄
정월 대보름 달무리 만든다

꽁꽁 언
논두렁 밭두렁에
따뜻한 웃음꽃 피우다
하늘 높이 치솟아 오르는
연직 상방의 횃불 통
불 로켓 타고 올라가는
도전의 씨알

최고점 올랐다
자유낙하 할 때
캡슐 꽁무니로 사라지는
불똥의 향연
에너지 소멸

돌려라
돌려
머리를 돌려

생각구멍 궁리구멍
머리 돌려
아이디어 내자

Tip

어두운 밤중, 쥐불놀이는 원으로 돌리지만 보는 각도에 따라 원운동, 타원운동, 단진동 운동으로도 관측된다. 놀이가 끝나고 돌아갈 때에는 하늘높이 던져 올리는데 이 운동이 바로 연직상방투사 운동이다.

쥐불놀이에만 열중하지 말고 횃불통이 그리는 원, 타원, 직선의 궤적을 보고 사물의 이치를 알아차리자는 의도가 숨어있다.

용수철

누르면 누르는 대로
가슴 깊이
간직하고

놓으면 놓는 대로
눌린 만큼
튀어 올라

점핑으로 복수하는
용수철의 탄성

늘어난 길이는
가한 힘에 비례한다는
작은 진리조차도
한계 내에서만 적용되는
제한

당기면 당기는 대로
저항으로
수용하고

밀면 미는 대로
수용으로
저항하여

진동으로 보답하는
스프링의 속성

복원과
관성의 과정에서
언제나
주고받는 에너지 변환

오직
변함만 있을 뿐

그 자체로
영원한 것은 하나도 없다는
진리 앞에

무릎을 꿇는다.

Tip

탄성의 법칙 : 용수철의 늘어난 길이는 가해진 힘에 비례한다. 그러나 탄성 한계 내에서만 적용된다.

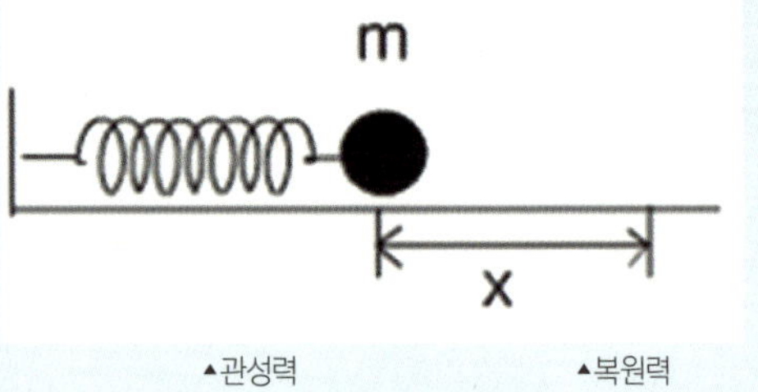

▲관성력 ▲복원력

관성력 : 자신의 운동 상태를 그대로 유지하려는 힘
복원력 : 원래의 상태로 돌아가려는 힘

에너지 보존 : 용수철의 반복운동 과정에서 탄성에너지는 운동에너지로 변하고, 운동에너지는 탄성에너지로 변할 뿐 그 에너지의 합은 항상 일정하다.

마찰 1

일으켜 세우면
천 길 낭떠러지

이쪽과 저쪽
경계
칼날이 서 있다

엄지와
검지사이
그대 끼워 넣고
뽀드득 애무하면

접촉으로
살아나는 열기
그대 단내 나는 입김

냉정으로
구속됐던 전자
깨어나 탈출하는 자유

한 장의

책장 넘길 때
나는 비로소 그대와 교감한다

모습
읽힌 자
허망의 칼끝에서
사라지는 순간

마음
읽혀야 할 자
희망의 칼끝에서
깨어남으로 태어난다

눈
감으면 감을수록
말똥말똥 살아나는 뉴런

접힌 흔적
눈에 들어올 때

아! 여기서 쉬어갔겠구나

수많은
종이 돌기
사랑의 촉수되어
가슴에 전달되는 그리움

오늘
나는 빌려온
한권의 책 속에서
영원의 사랑을 찾는다.

Tip

뉴런 : 신경세포

한 장의 책장을 넘기면서 일어날 수 있는 물리적 현상과 접힌 흔적을 통해 빌려준 자의 마음을 읽는다. 그리고 미색 마분지와의 마찰을 통해 사랑을 꿈꾼다.

아하!

갈바람
옥수수 잎 사이 사각 거릴 때
사마귀 한 쌍
좌우 고개 흔들며 탐색하고 있다

교미 한번 해볼까?
덩치 작은 수컷
암컷 등 올라타 짝 짖기 한 후
단잠과 도망 사이 갈등하다

암컷에 먹히면서

아하!
관계가 끝나면 줄행랑 쳐야 하는 구나

북서풍
고염나무 가지 끝 윙-윙 울고 있을 때
한 쌍 고슴도치
웅크려 앉아 추위에 떨고 있다

꼭 안고 있으면 안 춥겠지?
암컷 슬금슬금 다가가다

앗! 따가워 가시 찔린 후
추위와 아픔 사이 왕복하다

아하!
연인 사이 적절한 거리가 필요하구나.

눈보라
스트라이프 줄무늬 경계선 뭉개고 있을 때
한 무리 죄수들
웅크려 앉아 두려움에 떨고 있다

언제인가 철조망 넘어 훨훨 날아가겠지?
은행나무 침대 모서리
한 마리 나비 새겨놓고
탈출과 구속 사이 반복하다

가스실 가는 길

아하!
이 악마의 옷 벗어 던지는 날
나 비로소
한 마리 나비 되겠구나.

Tip

사마귀 : 교미 후 수컷을 잡아먹는 습성이 있다.
스트라이프 줄무늬 : 중세에는 범죄자, 백정과 같은 하류계층이 입는 옷의 무늬였으나 오늘날은 출세의 무늬 돋보임의 무늬로 변하였다. 그러나 아직도 관리자들은 종업원들에게 줄무늬 옷을 입히는 경향이 있다. 주인과 구분하고 관리자를 쉽게 관리하기 위하여

발자국

모내기 하는
날
신나는 날

쓰레질 끝난
논바닥은 실험마당

진흙 범벅
맨발로
논바닥 걸을 때 마다
나는
새롭게 태어난다

몸무게 하나
지탱하지 못해
가라앉는
논바닥 그 짧은 깊이

미지의 늪으로 삽입해
들어가는
꽉 찬 육신의 감촉

중력의 틈을
뚫고
발가락 사이로 솟아
올라오는 진흙

마이크로 핀 홀 비집고
들어서는
레이저광의 부드러움

문득
서
뒤돌아보면
발자국 분화구로
범람해 들어오는 쓰나미

비우면
다시
채워지는 진리

깊이는 물 담아
그릇 되고
높이는 빛 담아
언덕 되는
시간

수많은 발자국

어지럽게
포개지면 포개질수록
더욱더 뚜렷하게
새겨지는 논바닥 캔버스

예측은 여지없이
빗나가고
시간이 지날수록
모호성만 강해지는
진흙바닥 스크린

구체적인 것
중첩되면 중첩될수록
점점 더 뭉개져
추상으로 태어나는
겹침무늬

어지럽혀진
자취의 흔적에서
발자국 생각 읽다가
흔적마다 토해내는
마음과 몸의
망설임

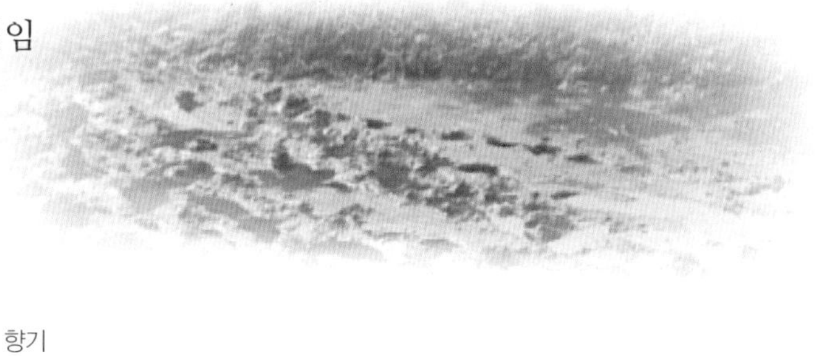

진흙의 질감으로
태어나는 발자국
온 몸으로 빚어낸
물과 빛의 향연

모내기 하는
날
실험하는 날

Tip

마이크로 핀 홀 : 마이크로 단위의 아주 작은 구멍
쓰나미 : 지진에 의해서 발생하는 해일
쓰레질 : 모내기하기 전에 논흙을 평평하게 다지기 위해 넓은 판자로 마무리하는 작업

모내기를 해본 사람이라면 쓰레질이 끝난 후 평평한 바닥에 한 발짝 한 발짝 내 디딜 때 마다 발가락 사이로 비집고 올라오는 흙의 부드러운 촉감을 잊을 수 없을 것이다. 이것은 아무도 밟지 않은 깨끗한 땅을 밟는 싱그러움의 경험이다.
그리고 뒤돌아보면 지나간 내 발자국 그릇으로 밀려들어오는 물의 힘을 발견할 수 있다. 자연은 우리의 스승이다.

물리 1

매화꽃 흩날리는
삼월의
오후
빈
마당
하얗게
쌓이는 꽃잎 씨알

참새 한 마리
내려앉아
두리번 두리번
눈치 보다
꽃잎 하나 물고
파다닥 날면
시간도 꿀꺽 날아간다

작은방 홀로 앉아
눈 감으면
천지가
하나
되고

物理가
悟理되어
살아나는 방정식

벌떡 일어나
창 앞에 앉으면
파란 화면 위
조합되는 기호들
관계의 사슬에 묶여
수식으로 태어난다.

Tip

오리(悟理) : 쥬커브는 그의 저서 '춤추는 물리' 에서 물리를 4가지로 재해석했다.

그 중의 하나가 물리는 깨달음의 이치라는 뜻으로 오리(悟理)라 하였다. 따라서 물리학은 사물의 이치를 깨달아 아는 학문이다.

개미귀신

해당화 가시 끝
따가운 햇살
신두리
사구

하얗게
몰아치는 해풍
바람결 따라
솟구치는 모래 바람

명주 잠자리
유충은
그 곳에 살아야만했다

밤새 울던
바닷바람
통보리사초
잎 끝으로 원 그릴 때

개미귀신
37도 깎아지른 내리막

깔때기 집
지었다

파도는
밀려와 소리 만들고
언덕은
증폭으로 대답하는
한나절

비탈로
비탈로 소용돌이쳐
빠져 들어가는
미세 파동
모래사태 나는 소리

절구둥지 모래 속
웅크리고 앉아
감지하는 수신기
진동의 한 토막조차도
놓치지 않았다

원뿔 개미지옥
깊은 수렁
나오려하면 할수록
더욱더 빠져드는
개미의 절망

한 대포
쏘아 올린 모래폭탄
귀신의 곡사포에
와르르 무너지는
개미의 일생

Tip

신두리 사구 : 충청남도 태안군 원북면 신두리에 있는 한국 최대의 해안사구다. 대한민국 천연기념물 제431호로 지정되어 있다.

개미귀신 : 명주잠자리과 곤충의 유충을 개미귀신이라고 부른다. 모래밭에 고깔 모양으로 된 함정(개미지옥이라 부름)을 만들어 개미를 잡아먹는다. 유충은 땅속에서 먹이를 기다리다가 개미 같은 작은 육상 곤충이 빠지면 큰 턱으로 잡아서 땅 속으로 끌고 들어가 체액만을 빨아먹는다. 이 때 빠져 나가려는 개미에게 모래 폭탄을 쏴서 깔때기 모양의 땅 바닥에 떨어지도록 한다.

통보리사초 : 벼목 사초과 여러해살이풀. 높이 10~20㎝. 땅속줄기는 갈색섬유로 덮이며 사방으로 뻗는다. 잎은 나비 1㎝ 정도로서 단단하고 가장자리에 잔톱니가 있으며 바깥쪽으로 젖혀진다. 방향이 시시때때로 바뀌는 사구에서는 통보리 사초 주위에 원형의 궤적을 발견할 수 있다.

물리 2

글을 깨우쳐 알았느냐?

불호령 떨어지는
서슬 퍼런 마당
사립문 사이로 넘어가는
석양빛 한 줄기

모릅니다

망태기 짊어지고 우뚝 선
그림자

목탁의 공명소리
낭랑한 염불소리
두 주파수 간섭하여
마당 한 바퀴 휘 돌때쯤
어머니는 부엌에서 보리쌀
한 바가지 들고 나온다

저 아이 나한테 파시지요

빡빡 깎은 중놈의 목젖이 굵게 떨릴 때
어머니 치마폭에 숨어버렸다.

그때
팔려 나 갔더라면

관계의 사슬 모두
끊어버리고
오로지 悟理만을 향해
깨달음 쫓는
동자가 되었을 것을

이제 물리가 틔였느냐?

초롱초롱 지켜보는
서슬 퍼런 강의실
문틈 비집고 들어서는
스승님 목소리

아직도
모르옵니다.

Tip

오리(悟理) : 쥬커브는 그의 저서 '춤추는 물리'에서 물리를 다음과 같이 4가지로 재해석했다. 물리(物理), 오리(吾理), 오리(悟理), 무리(無理), 악리(握理)
이들 중 하나가 물리는 깨달음의 이치라는 뜻으로 오리(悟理)라 하였다. 물리는 사물의 이치를 뛰어 넘어 깨달음의 이치가 곧 물리다.
간섭현상 : 두 파동이 겹쳐서 밝고 어두운 무늬가 만들어지는 현상

엔트로피

폭포수
쏟아져 내릴 때
물보라
무지개 그릴 때

뒤로
뒤로만 물러서는
벼랑의 슬픔이여

세월 빛
쏟아져 내릴 때
땀방울
아롱져 떨어질 때

뒤로
뒤로만 물러서는
이마의 슬픔이여

아무리
치켜 봐도 보이지 않아
착각 속에 산 세월

어디서 찾을까

사용가능 에너지
다 버리고
불가능 에너지만 남기고
서 있다

거울 앞에

Tip

열역학 제 2 법칙 : 엔트로피의 법칙
에너지가 흐르는 방향성을 설명하는 열역학법칙이다. 자연에 있는 모든 것은 시간이 경과함에 따라 모종의 불리한 방향 즉 무질서의 방향으로 진행한다는 법칙이다. 일명 방향성의 법칙이라고도 한다.

시간의 방향성

핏덩이 탯줄 끊고
새 생명 태어나고

두꺼운 껍질
냉기 뚫고
매화꽃 피어난다

한 생애
시간바람 쫓기어 살다
뜨거운 불속
한줌 황금 뼈로 사라지는 육신

한 계절
찬바람에 버티어 살다가
산산이 흩어지는
꽃바람으로 내려앉는 중력

다음 순간
지금 이 순간에 태어나
사라지듯

사용 가능한 양의 에너지
점점이 줄어
사용 불가능한 양의 에너지로
쌓이는 언덕

다비 연기 속에
영혼 실어 나르고
장작 불꽃 속에
육신 불타 버리는
엔트로피의 속성

취해도 얻지 못하고
버려도 잃지 못하는
시간의 방향성

Tip

열역학 제 2 법칙 : 엔트로피의 법칙
에너지가 흐르는 방향성을 설명하는 법칙으로 모든 상황은 시간이 경과함에 따라 모종의 불리한 방향으로 진행한다. 일명 방향성의 법칙이라고도 한다.

빗방울

까만 먹구름
하나 둘 모여들더니
어둠의 자식들
한 가득
뛰어들 채비를 한다

공중에 떠 있는 놈들치고
날개 없는 놈 하나 없는데
깃털하나 달지 않고
까마득한 하늘에서
자유낙하 하는
빗방울
용기

저항
마찰력
모두 이기고
중력은 끈질기게
잡아 당겨 수직으로
내리 꽂는 빗방울의 운명
등가속도 직선 운동

신은 더 이상의 추락을 허용하지 않는다

대기는
저항력 만들고
저항력은 중력과 맞서
비기는 순간
알짜 힘은 사라진다

빗방울은 무중력으로
비행의 날개 달아
손에 손 잡고
친구 되어

토란잎
또르르
굴러 내릴 때 까지
스카이 다이빙을 한다.

Tip

고공에서 떨어지는 빗방울은 속도가 점점 빨라져 등가속도 운동으로 내려오다가 중력과 저항력이 같아지면 등속도로 내려온다. 이 속도를 종단속도라 한다. 종단속도 때문에 우리는 빗방울을 맞고 머리가 터지지 않는 것이다. 이런 원리를 이용하여 오늘날 스카이 다이버들이 스카이 다이빙을 한다.

물리 3

늙으면 늙을수록
더욱더 아름다워지는 나무
노송아래

천년을 하루같이 살아온
거북바위

살아있음에 죽음으로 가는
길목에서 만난 인연

노송도 바위도
모두 에너지 무늬거늘
나와 네가 무엇이 다르랴

다름 있다면
존재 방식이 다를 뿐
유기적 에너지 패턴은 모두
같은 것을

나는

존재의 방식에
놀라고
관계의 사슬에
매여있는

관찰자

너는

은혜의 곡조에
놀라고
인간의 관계에
묶여있는

대상자

우리는 모두
이쪽과 저쪽에서
그리워하는
에너지의 무늬들

Tip

물리(物理) : 사물의 이치를 밝히는 학문을 말한다. 사물을 관찰하는 관찰자나 그 대상자인 사물 모두 유기적인 에너지의 무늬라는 것이다. 이것을 깨달아야 진정한 물리 공부를 하는 것이다. 따라서 물리는 즉 깨달음의 이치라는 뜻으로 쓰이는 오리(悟理)와 같다.

공

월출산 앞자락
하얀 갈대숲

시린 하늘
낮달로 떠오르는
시월 한 나절

마음 대로
보내지 못 하고
때린 대로 가야하는
공 마음 아시나요?

살찐 동백 잎
솔라 셀

볼록한 이마로
가을 햇살 반사하는
기름진 오후

홀
가장 먼

불리한 자 먼저 치고

컵
불운한 자 먼저 가야하는
공 마음 아시나요?

핀 홀 구멍 통과하는
레이저 광

살짝 엿본
누나 젖꼭지
대봉홍시 옆모습으로
익어가는 시간

좋은 상황
최고의 것 만들지 못하고

나쁜 조건
최선의 것 찾지 못하는
공 마음 아시나요?

팽팽한 긴장감
감성과 이성 사이
통제력 잃고

헤저드

빠져야 하는
공 삶을 아시나요?

공이
공으로 들어가면
공이 생긴다는 것도 아시나요?

Tip

공 마음 아시나요? 의 공은 아마추어 골퍼인 공(公)을 말한다.

공(ball)이
공(空, hole)으로 들어가면
공(功, 명예, 돈)이 생긴다는 것도 아시나요?

솔라 셀 : Sollar Cell, 태양전지, 수많은 동백 잎의 반짝임을 동면하기 위한 에너지 저축 태양전지로 보았다.

핀 홀 구멍 통과한 레이저 광의 모습은 그림과 같이 홍시처럼 맑고 밝다.

골프는 공(사람)이 공을 쳐 공(구멍)으로 넣으면 공이 생기는 운동. 가을날 아마추어 골퍼의 심정과 골프는 배려의 운동임을 이야기 했다.

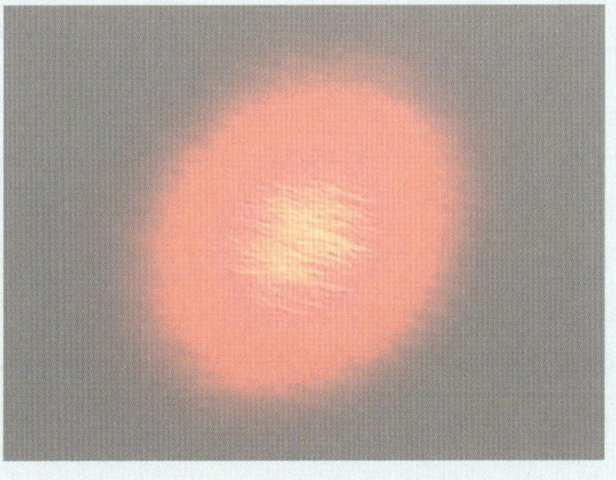

마찰 2

호두
두 알
손에 넣고
살살 굴리면
달그락 달그락
굴곡의 마찰소리

접촉의 애정소리
쪽쪽쪽 쪽쪽쪽
입맞춤 하면
살아나는
마찰열
욕정

전자
두 알
궤도에 놓고
타원 회전시키면
마디 배 마디 배
진동의 한 토막 정상파

그리움 한 토막 도려내
빙글 빙글 윙 윙
회전 시키면
떠오르는
이미지
얼굴

그대
지금은
잊었지만
호주머니 속
그대 손 애무할 때
마주 닿는 촉수의 사랑

접촉 면적 마찰과 무관
하다지만 육신의 사랑
관계의 사슬에
묶여 샘솟는
괴로움의
원천

아! 마찰이여

Tip

마찰의 제1법칙 : 마찰력은 수직력에 비례하고 외견상의 접촉 면적에는 무관하다.
궤도전자 : 궤도를 돌고 있는 전자는 하나의 입자로도 볼 수 있지만 그림과 같이 배 마디로 된 파동으로 볼 수 있다.

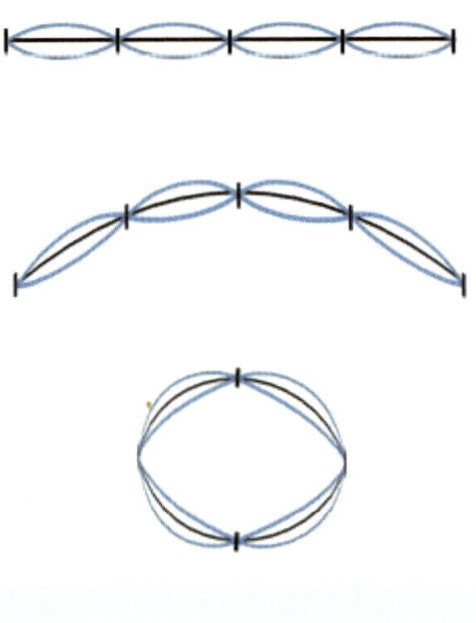

개똥벌레

칠흑의 밤길
한 대의 트럭이
질티 고개 올라갑니다

개똥벌레 세 마리
무임승차 합니다

두 줄 박이 개똥 소년 가장자리 앉아있고
외 줄 박이 개똥 소녀 축 상에 앉아있고
두 줄 박이 개똥 소년 흙받이에 앉았습니다

트럭이 고개 마루
올라올 즈음

외 줄 박이
주파수 0.9Hz
시간간격 0.19초
반짝 반짝
발광하기 시작합니다

두 줄 박이 개똥 소년들 모두 반짝입니다

축 상 개똥 소녀
원운동 하는 두 줄 박이
미쳐 보입니다

미친놈 할 일도 없나?

흙받이 개똥 소년
왔다 갔다 움직이는 두 줄 박이
웃겨 보입니다

웃기는 놈 아냐?

둘은 라이벌

흙받이 개똥 소년
빙글 빙글 도는 외 줄 박이
가없어 보입니다.

왜 그래?

축상 외 줄 박이
원 운동 두 줄 박이
미워 보입니다

어지러울까?

둘이는 사랑할 수 없습니다

가장자리 앉아있던 두 줄 박이
자신만 쳐다보는 외 줄 박이
사랑스러워 집니다

사랑 한번 해볼까?

축상 외 줄 박이
빛나는 눈동자 바라보는 두 줄 박이
좋아집니다

사랑 한번 해볼까?

둘은 눈이 맞았습니다.

가장자리 앉아있던 두 줄 박이
주파수 0.9Hz
시간간격 0.17초로
반짝 반짝
발광하기 시작합니다

Tip

개똥벌레 : 짝을 찾기 위해 깜빡 깜빡 발광을 한다

두줄박이 : 숫컷, 발정시 0.9Hz, 0.17초로 발광
외줄박이 : 암컷, 발정시 0.9Hz, 0.19초로 발광

뒷바퀴 축 상에 앉아있는 외 줄 박이 소녀 개똥벌레 : X
뒷바퀴 가장자리에 앉아있는 두 줄 박이 소년 개똥벌레 : Y
뒷바퀴 흙 받이에 앉아있는 두 줄 박이 소년 개똥벌레 : Z

상대운동 :
1) X가 본 Y의 운동 : 정지, X가 본 Z의 운동 : 원운동
2) Y가 본 X의 운동 : 정지, Y가 본 Z의 운동 : 원운동
3) Z가 본 X의 운동 : 자전(회전), Z가 본 Y의 운동 : 단진동운동

벡터

산이 말 했습니다

드라이버 샷은
머리 박고
리듬 템포 잃지 말고
천천히 던져야
장타를 칠 수 있는 거야
오비 없이

노송이 말 했습니다

아이언 샷은
아크는 크게
부드러운 스윙으로
깔끔하게 마무리해야
원하는 방향으로 보낼 수 있는 거야
생크나지 않고

금잔디가 말 했습니다

퍼팅은 경사를 읽고

부드럽고
똑바로 밀어야
홀컵에 떨어지는 거야.
새지 않고

물리가 말 했습니다

골프는 벡터야 벡터

힘의 크기
방향
작용점이 올바르면

땡그랑

공은
중력으로 낙하해서
공에서
공으로 되 살아 나는 거야

자신감 갖고
집중해

얻어맞는 순간

공은

얼마만큼 날아가
어디에 머무를지 알고 있어

느낌 생각 행동 의식 모두
다 공이라는 것
알아

골프는
수행이야
수행

마음의 수행

Tip

백터 : 크기와 방향을 표시하는 물리량. 힘은 벡터다.

골프 : 골프채는 길이의 순서로 드라이버, 페어웨이 우드, 아이언, 퍼터로 구분한다. 치는 순서도 이 순서로 치는 것이 일반적이다. 드라이버 칠 때는 오비 나는 것을 조심해야하고, 아이언을 칠 때는 부드러운 동작이 필수다. 그리고 퍼터를 칠 때는 힘의 크기, 방향, 타점이 중요하다. 이 세 가지는 백터 물리량인 힘의 삼요소이다.

공은 중력으로 낙하해서 공에서 공으로 되 살아 나는 거야 : 공(ball)은 공(hole)에서 공(win, 功)으로 되살아난다.

느낌 생각 행동 의식 : 반야심경에서 나오는 受, 想, 行, 識을 말한다.
공은 다 공이라는 것 알아 : 공(ball)은 다 공(空)이라는 것 알아

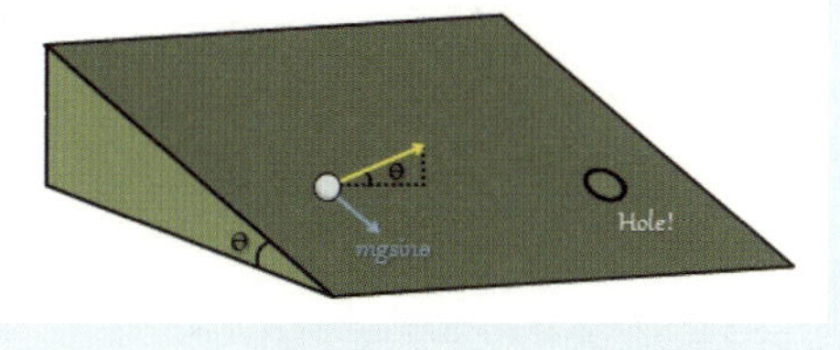

델(del, ▽)

혼자서는 결코 설 수 없는 몸
오직 차이만을 감지해내는
속성의 기호

임의의 한 점 주어지면
그 때서야
앉거나 일어서는
연산자

널 취하면
속도가 가속도 되고
내적과 외적이
만들어져

오르막 내리막이
볼록 만들고
내리막 오르막이
오목 만들 때

그때서야
안정이 불안정이 되고

불안정이 안정되는
무상의 얼굴

Tip

델(∇): 수학에서 미분을 뜻하는 연산자(기호)로 임의의 한 점에서의 기울기를 구할 수 있다. 시간 함수인 어떤 함수를 한번 미분하면 속도를 구할 수 있고, 두 번 미분하면 가속도를 구할 수 있다.

델(∇)이 미분을 의미하는 불안정한 속성을 가진 기호라면 델타(Δ)는 변화량을 의미하는 안정한 속성을 가진 기호다.

오르막 내리막은 볼록한 모양을 만들고 정점에 있는 물체는 불안정한 상태에 있다. 그러나 내리막 오르막은 오목한 모양을 만들어 최하점에 있는 물체는 안정한 상태에 있다.

5. 꽃 속에 우주가 핀다(우주)

ET(외계인)

유리병 편지

마트료시카

스크린

삼거리

동학사 가는 길

나비

꽃잎

경고

겁(劫)

ET(외계인)

울산
대곡리에 가면
ET를 만날 수 있다

눈
코 없는
파라볼라 안테나
머리통 텔레파시로 소통하고

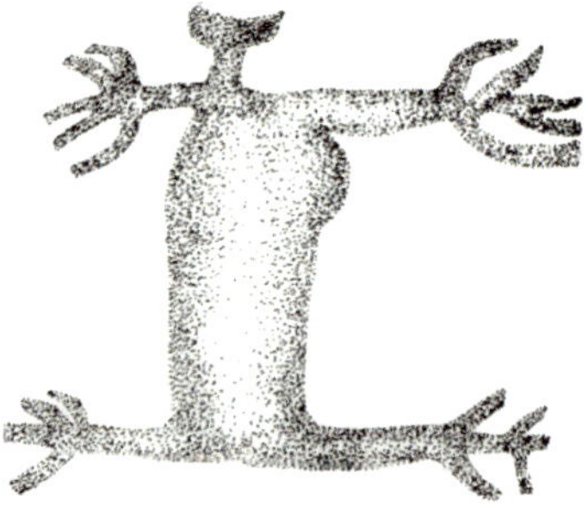

팔
다리
나무뿌리 다섯 개
손가락 발가락 촉수로 감지하고

땅 바닥
뿌리내려 에너지 충전하고

임팔라
점핑으로
이동하는 여자 외계인이 있다

독침
뿜어내는
파이프 사냥총
고래도 사슴도 후-불어 사냥하고

팔 둑
굵기로 서있는 거시기
진동으로
관계하는 사내 외계인도 있다

나는
오늘도
바위그림 외계인을 꿈꾼다

Tip

울주 대곡리 반구대 암각화(Bangudae Petroglyphs, 蔚州大谷里盤龜臺岩刻畵) : 울산광역시 울주군 언양읍 대곡리의 대곡천 중류의 암벽에 위치하는 암각화다. 신석기 시대에서 청동기 시대 전후의 것으로 추정되는데 암각화에는 여러 마리의 고래, 사람, 사슴 등이 그려있다. (그림 : 정동찬, 살아있는 신화 바위그림, 혜안, 1996)

ET : E.T.(Extra-Terrestrial), 외계인

텔레파시(telepathy) : F.W.H.마이어스(1843~1901)가 처음으로 사용한 말로 감각적인 표현이 없는 조건에서 타인의 마음(생각 · 지각 · 감정)을 감지하는 심령현상.

유리병 편지

어제 밤
꿈길
그대 만났을 때
당신 주고 간
유리병 편지

투명
유리종이
회전 표면
서간체 하얀 글씨
하나씩 날아와
앉으면
살아나는 이야기 꽃

세상 소식
정상동 산기슭 출토된
은혜의 편지

QR 코드 암각화
스마트 폰 들이대면
까맣게 살아나는

사백 년 전 사부곡
붉은 핏빛 사랑
"원이 아버지께"

"당신 언제나 나에게 둘이서 머리 희어지도록 살다가 함께 죽자
하시더니 어찌 날 두고 당신 먼저 가십니까?"

노을 진 태양빛
천오백도 도가니
한 대롱 퍼다가
성형 틀 넣으면

신문지 타는 냄새
기사 글 정착 소리
입 바람 불어 회전시키면
사부곡 열기 따라
음화로 기록된다

투명 유리병
두루마리 표면에

Tip

원이 아버지께 : 안동시 정하동 이응태 무덤에서 나온 원이 엄마의 한글 편지

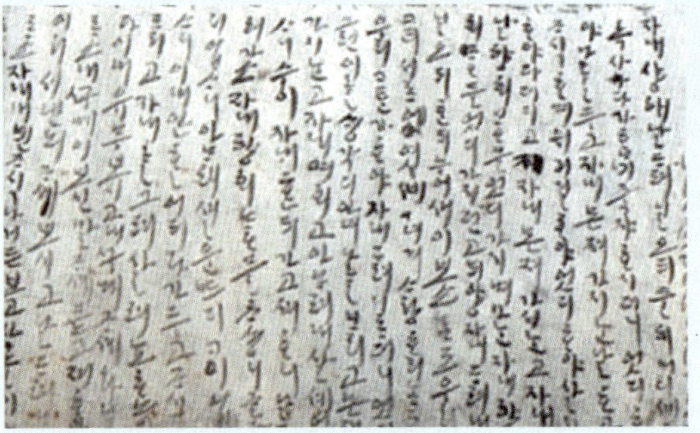

유리병 만들 때 성형 틀 속에는 반드시 신문지가 들어있다. 이 신문지의 기름기가 타면서 유리병이 매끄럽게 만들어진다. 이 때 신문지에 실려 있는 신문기사인 사부곡의 기사내용이 유리병 표면에 음화로 기록되어 살아난다고 상상했다.

마트료시카

한낱
전자인 주제

자기가
원자에 구속되어 있다는 것
알 수 있을까?

원자는
분자라는 세상의 한 일원이라는 것
알 수 있을까?

분자는
세포로 구성된
거대한 인체에 포함되어 있다는 사실
알 수 있을까?

하물며
전자가 어찌 무한의 우주
상상할 수 있을까?

나는
한 세트의 마트료시카
인형 속에서
무한 우주를 꿈 꾼다.

Tip

마트료시카 : 러시아의 인형으로 인형속에 똑 같은 인형이 또 있고 그 속에 또 똑 같은 인형이 들어있는 한 세트의 인형

스크린

청백색 대접
검은 물거울

깊은 숲속
각시 투구 꽃
한 송이 살았다

청옥색 한복
시린 몸거울

여인네 가슴
임금 은혜 꽃
한 송이 피었다

어명이요

약사발
받아든 여인

검은 스크린에
은혜 그림 그리고

검은 눈동자에
동영상 사진 찍었다

조각난 지난 시간
꽃상여 타고 파동으로
춤추다

눈물방울로
똠방
떨어지더니

은혜의 꽃
금방 사라져버리고

투구 꽃
각시
한 송이 피어올라

여인 입술
파르르 떨게 하더니
옷고름 붉게 핏빛 물든다

은혜의 꽃물
죽음의 핏물

Tip

각시 투구꽃 : 이 꽃에서 추출한 Aconite는 소량만 인체에 흡수돼도 중추 신경이 마비되며 심장을 멎게 한다. 사약용으로 사용하였다.

이 세상 모든 사물의 표면은 거울이다. 다만 반사율이 다를 뿐이다. 약사발 검은 사약(각시 투구꽃으로 만든)에 비친 자신의 얼굴을 보고 지난 사랑의 시간들이 주마등처럼 동영상으로 떠오르는 은혜의 영상을 상상했다.

삼거리

늦가을
한 무리 낙엽

자동차 따라오다
지쳐 뒹굴던 자리

박정자 삼거리
느티나무 서있다

세 갈래 길
쏟아지는 꽃비

저녁 햇살 사선으로
광자타고 내릴 때

한 자락 봄바람

중력 거역하고
치솟아 오르다

쏟아져 떨어지는

꽃잎의 군무

꽃잎은 바람 따라
아스팔트 뒹굴고

추억은 시간 따라
마음 바다 흐를 때

내 마음 오늘따라
절집으로 향 한다

동학사 가는 길

햇살
낙엽 따라
절집 가는 길

사월
꽃바람
휘몰아 치던
박정자 삼거리

홀로 서있다

움켜쥔 생각
지난 시간에 머무는 걸까?

버린 시간
날 잡아 꽃길에 놓는 걸까?

붉게 물든
벚나무 잎새들

내가 있어 꽃이 피는지

꽃이 있어 내가 지는지

등 굽은 산길 따라
오르다 보면
저만치 비껴가는 산 그림자

날 죽여야
비로소 살아나는
곱게 늙은 계룡산

내가 있어 꽃이 핀다.

나비

그대를

소리 없는
날갯짓 하나 만들어 놓고
시 공간
가로질러 돌풍 일으켜 놓고

팔락 팔락 움직이는
날개라 하자
카오스 일으키는
논리의 날개라 하자

색깔 없는
태양광 하나 받아 놓고
비늘 막
통과시켜 광파 중첩시켜 놓고

반짝 반짝 빛나는
색광의 파동이라 하자
간섭 일으키는
햇살의 파동이라 하자

가슴팍
결속의 상징으로 그림하나 그려 놓고
애벌레
탈피시켜 하늘 높이 날려 놓고

구금과 탈출 반복하는
파피용이라 하자
절망 속 희망 찾아내는
불굴의 파피용이라 하자

꿈길에서
향기 나는 꽃밭에 그대 하나 날려 놓고
몽롱한 채
그대 나인가 나 그대인가

덩실 덩실 춤추는
장주라 하자
선잠 통하여 깨달음 얻는
장주라 하자

Tip

나비효과 : 예측가능성-브라질에서의 한 나비의 날갯짓이 텍사스에 돌풍을 일으킬 수도 있는가 ? 에서 유래한다.

간섭현상 : 두 파동이 겹쳐서 밝고 어두운 무늬가 만들어지는 현상
나비의 윗 비늘 막에서 반사한 광선과 아래 비늘 막에서 반사한 광선이 중첩되어 파르스름한 빛을 낸다

카오스 : 원뜻은 입을 벌리다(chainein)이며, 이것이 명사화로 굳어지면서 캄캄한 텅빈 공간을 의미한다. 그리고 혼돈이라고도 한다.

장주 : 언젠가 장주(莊周)가 나비가 된 꿈을 꾸었다. 훨훨 날아다니는 나비가 된 채 노니면서도 자신이 장수라는 것은 깨닫지 못했다. 허나 문득 깨어나 보니 틀림없는 지신이 아닌가. 도대체 장주가 꿈에 나비가 된 것일까? 아니면 나비가 꿈에 장주가 된 것일까? 현실 속의 장주와 나비는 다르다. 이런 경지의 변화를 물화(物化)라 한다.

유대인들이 감옥에 갇혀있을 때 침대 기둥에 나비를 그려놓았다. 또 영화 파피용에서 주인공 파피용은 가슴에 나비문신을 하고 있다. 그 이유는 언제인가 자신은 이 지긋지긋한 감옥에서 나비가 되어 탈출할 것이라는 희망의 상징이었다.

꽃잎

꽃잎 하나에
네가 있고
꽃잎 하나에
내가 있고 우리가 있다

꽃잎 피고 지는 것
우리 가고 오는 것

우주에 그대 있어
꽃잎 피고 지는 것

한 장의 꽃잎에서
우주를 보고
한 송이 꽃 봉오리에서
핵을 보라

가고 오는 것에
눈길 주지 말고

이 순간
그대 있어 나 또한 있음에
의미를 두라

꽃 속에 우주가 핀다.

경고

깎아지른 빙벽
백옥 색
얼음덩이
무너져 내리는 굉음

화들짝 놀란
어미 곰 아기 곰
성큼 성큼 도망가지만
갈 곳이 없다

북극은 더 이상
북극이기를 포기했다

살모사
고개 치켜들고
미친 듯 쏮아오는
쓰나미의 살기

새파랗게 질린
인간들

전력을 다해 도망가지만
이미 포위당했다

발리는 더 이상
지상 천국이기를 거부했다

핵반응
급격한 증가와 대폭발
소리도 없이 스며오는
방사능의 저주

피할 틈도 없이
엄마 아빠 누이동생
손에 손 잡고 도망가보지만
갈 곳은 없다

체르노빌은 더 이상
생명의 땅이기를 포기했다

사막화
섭씨 50도의 열사
물 한 모금 구할 데 없는 폭염
황폐화 현상

인간의 땅으로
침범해오는 모래폭풍 향해

온 몸으로 막아보지만
이미 되돌릴 수 없다

지구는 더 이상
녹색 별 이길 거부했다

오존층
뻥 뚫린 구멍 점점 커지고
탈것들 배기가스 신나게 뿜어낼 때
자외선의 역습

문명의 혓바닥에
길들여진 현대인들
이제와 후회해 보지만
어쩔 수가 없다

탐욕스런 인간들

인간은
더 이상
인간이기를 거부했다

Tip

쓰나미 : 지진에 의해서 생기는 해일.

체르노빌 : 우크라이나 북부의 옛 도시로 구 쏘련의 핵발전소가 있던 곳. 1986년 체르노빌 북서쪽 14.5 km에 위치한 체르노빌 원자력 발전소에서 생긴 체르노빌 원자력 발전소 사고로 인해 현재 폐쇄되고 있다.

겁(劫)

눈 깜짝할 시간 간격을
찰나라 하자.

높이 사십 자
사방 사십 자
검은 바위 위
백년 한번 선녀 내려와
하룻밤 춤마당
달빛아래 펼쳐진다.

춤 한번 추실까요?

옥색 비단
치마 자락
바위 스칠 때
섬광처럼 일어나는
열정의 마찰
하룻밤 내내
바위가 깎인다.

Shall we dance?

백년에 한번
내미는 손바닥
은혜의 조각들
하얗게 쌓여
그리움의 시간 만들면
사방 사십 높이 사십 자
오석은 다 닳아 없어지고

춤사위 옷섶만이
훨훨 날아
허공에 살아있는
마음의 시간.

Tip

겁(Kalpa) : 불교에서 무한 시간을 뜻하는 말로 일종의 긴 시간의 단위

6. 노란 점 하나 찍히더니(꽃)

청령포

청령포 노송위에
노을이 지면

갈길 멀어라
시간은 보채는데

강 건너 놓을 길 없는
이내 마음은

오늘도 구름 되어
비를 뿌린다.

Tip

청령포 : 단종의 유배지, 강원도 영월에 있는 표주박 모양의 땅으로 뒤에는 절벽, 앞에는 강이 있는 천연 요새로 단종 유배지다. 지금은 아름다운 소나무 숲으로 유명하다.

강원도 영월의 청령포에 있는 왕방연의 시비를 보고 유배지에 갇힌 단종의 마음을 노래하였다.

어머니

하얀
매화꽃 바람
모래재 산자락 휘돌아 가던 날

휠체어 트렁크에 싣고
뒷문을 연다

어디가?

병원에요

나 안 아퍼!
....

바람은
어머니 흰 머리칼 헝클어 놓고
음성은
아들 검은 가슴 헤집어 놓는다

냉혹한 결정의 칼끝에서
복종해야하는

어머니

룸미러 속
어머니 시선
물미산 물결 따라 춤을 춘다

알츠하이머
유전자 변화 과정
뇌 이상 병
의학 치료 받아야 한다는
과학적인 나

노망
인간 노화 과정
퇴행성 병
인간적 돌봄 치료 받아야 한다는
또 다른 나

싸움 끝

회피하고 싶은
결정의 단두대 앞
이성의 저울질
추 올려놓고

하얀 벽 사각 방

줄무늬 옷 입히려
나는 간다

파란
대청호 물결
꾀꼬리봉 봄바람에
일렁이던 날

Tip

알츠하이머 : 퇴행성 뇌질환으로, 노화의 과정 속에서 뇌 조직이 기능을 잃으면서 점차 정신 기능이 쇠퇴하는 병이다

대청호 : 금강을 막아 다목적 댐으로 사용하기위해 만든 인공 호수로 대전광역시 동구에 있다.

제주한란

가느다란
연줄

모든 것 맡기고
머리채 흔들며
별처럼 깜빡이는
꽃

실타래
풀고 당길 때
탱탱한 긴장으로
전해오는
줄 연의 짜릿함

연두색
광섬유 따라
전반사로 올라가

마침내
세 잎 꽃님으로
태어나는

향기로운 꽃이여!

한 점 티 없는
순수의 얼굴
여미어 감추어 둔
내 안의 사랑 복륜화

시월 단풍은
붉게 타는데

너는 어찌
녹색만 고집하며
가을 색 시샘 하는가

Tip

전반사(全反射) : 빛이 밀한 매질에서 소한 매질로 진행할 때 광선이 경계면에서 되돌아 반사해 오는 현상. 전반사 현상을 이용하여 광섬유로 광통신을 한다.

일경다화로 피는 제주한란 꽃을 연줄에 매달려 있는 줄연 으로 비유하고 있다. 녹색 꽃대 속을 영양분이 전반사되어 올라가서 마침내 녹색의 꽃들로 태어나 불연속으로 향기를 낸다고 상상함.

이른 봄

가지
끝

노란 점
하나
찍히더니

보이는 곳
모두

산수유 세상이 되었습니다,

찔레꽃

어머니
참외 팔러 장터
가던 길

하얀 무덤
찔레꽃
새벽에 피어나던 길

꽃잎 하나
입에 물고
뒤 따라가다

무섭다
무섭다
앞장서 가면
뻐꾹새 한 마리

뻐꾹 뻐꾹 뻐뻐꾹

어머니
감자 캐러 올라

가던 길

별꽃 무덤
찔레꽃
저녁에 피어나던 길

붉은 찔레 순
하나
뚝 잘라 깨물면

씹을수록
입 안 가득
퍼져오는
봄꽃 향기

이별의 향기

Tip

찔레꽃 : 5, 6월에 야산이나 계곡에 피는 꽃. 고려시대 "찔레"와 "달래"라는 두 자매 중 찔레가 원나라로 끌려갔다가 돌아와서 죽은 자리에 하얀 찔레꽃이 피었다는 전설이 있는 이야기 꽃.

바람이 되어

산 넘고 물 건너
신우대 밭 지나면
소나무 숲 사이로
저수지가 보인다.

천년을 하루같이
하늘만 쳐다보다
파랗게 물들인
백옥색 수면위에

한 마리 산새 되어
바람이 되어

번개가 지나가듯
봉황이 춤추는 듯
濃墨을 교차시켜
鳳眼을 그려 넣고

노랑나비 춤추는 듯
아이들이 모여 앉듯
淡墨을 우려내어

꽃잎 그리면

점점이 일어서는
여인의 香氣

Tip

사군자 그리기에서 난을 칠 때 잎은 농묵(濃墨 : 진한 먹)으로 봉황의 눈(鳳眼)과 같이 봉안을 그린다. 꽃을 그릴 때는 담묵(淡墨 : 흐린 먹)으로 그린다.

산행을 하다가 발아래 저만치 놓여 있는 저수지 수면위에 자신이 한 마리 산새가 되어 난을 치는 정경을 그렸다.

소엽풍란

유월
메마른 아침

흑산도
낭떠러지
소엽풍란 한 가족
꽃을 피웠다

흙
거부하는
뿌리 끝 관모

중력
풍력 이기는 부착력으로
절벽 붙어 승부하는 일상

빛
가두어
복사하는 잎새

층층
좌우 대칭 포기 무리로

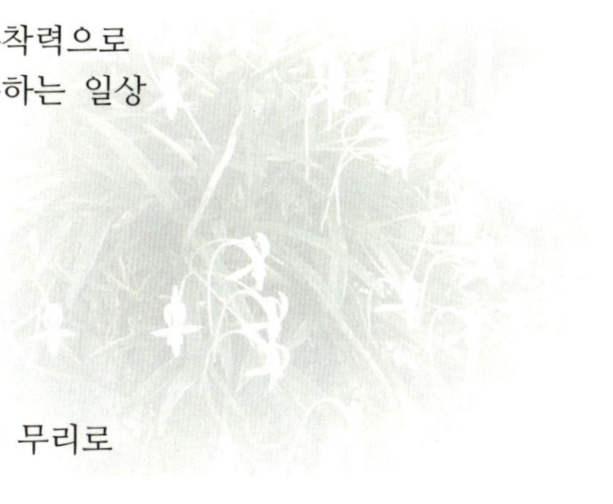

바람길 열어 냉각하는 시간

연녹색
실 꽃 대궁
칼 끝 뒤로 숨다가

오늘
미풍 찾아
하늘 향해 박꽃처럼 피었다

긴
수염 앞세우고
향기 나는 나팔을 분다

살랑 살랑 바람꽃
소엽풍란
한 가족

Tip

소엽풍란 : 홍도 소흑산도에서 자생하는 착생란. 5, 6월에 길고 하얀 수염의 순백색 꽃이 핀다. 특히 달콤한 향기가 일품이다. 뿌리 끝을 관모라 하는데 다갈색, 핑크색, 연두색 등으로 다양하다. 바위나 나무에 붙어 기어가는 뿌리도 관상의 한 포인트다.
이 뿌리의 부착력으로 비바람 눈보라를 견뎌 내는 인고의 바람꽃이다.

산수유

봄빛에 취해
황홀한 아침

햇살 졸다
벌떡 일어서면

노란 산수유
안개처럼 펼쳐진다.

향기에 취해
몽롱한 오후

바람 머물다
휘돌아 가면

산수유 꽃향기
구름처럼 피어오른다.

대추나무

단절될 듯 이어지는
등 굽은 대추나무
가지 끝

빛나는
광자 하나
점점이 웃고 있는
사월의 아침

무거움 못 이겨
흔들리는 것도 아닌데
허공에
글씨라도 쓰는 걸까
이리 저리 살랑대는
바람의 흔적

굳게 뭉친
늙은 가지
어두운 골 따라
세월 지나고

부드러운
어린 가지
붉은 표피따라
눈길 가는데

나뭇가지 흔들리나
내 마음 흔들리나
바람 일면 이는 대로
흔들려야 살아남는
자연의 이치

대추나무
잎새 날 때
봄날은 간다.

Tip

광자 : 빛을 입자개념으로 보았을 때 광자(photon)라 한다.

대추나무 : 갈매나무과에 속하는 활엽관목으로 가장 늦은 봄에 새싹이 나온다. 늙은 가지에는 어두운 갈색 골이 나 있으나 새 가지는 매끄러운 붉은 색이다.

새우란

등
굽은 산허리
바닷바람 몰려올 때

땅
하늘 연결 짓는
붉은 기둥 소나무 밭
잔치 마당

꼭 꼭 숨어
한 살림 차려놓고
옹기종기 모여 사는
새우란 한 무리

오월
안면송 솔 바람
해풍따라 공진하면

대공마다
자색 불 초록 불
하나 둘 점등될 때

산골마다 터지는
웃음소리
새우란 꽃 피는 소리

십이월
하얀 눈 북풍타고
인해전술
몰려 올 때면

자색 빛
녹색 빛 다 가고

빈 대공
땅 바닥 누워
새우잠 잔다

봄을 꿈 꾼다

Tip

새우란 : 뿌리가 새우와 닮았다 해서 새우란이라 한다. 5월에 자색, 다갈색, 연두색 꽃을 피우며 제주도, 안면도 등 서 남해안의 도서지방에 자생한다. 일반 난초와 달리 잎이 넓고 주름이 졌다. 겨울에는 잎이 땅바닥에 주저 앉아 추위를 견뎌낸다.

수양 벚꽃

흰색 파도
줄지어 일어서다
벽을 타고 오르면

관성으로 솟구치는
살 분홍
꽃잎의 군무

칠흑 같은 삼월의
새벽하늘
하얀 비늘 파도
그림을 그린다

개체의
어리석음이
무리의
아름다움으로
승화되는
꽃

관람자 없는 무대

카오스의 파형으로
아침을 여는
꽃잎의 춤

소리 없는 음성으로
터지는
함성 소리

꼭두새벽
하얗게 쏟아져 치는
꽃비의 향연이여

Tip

관성 : 자기의 운동 상태를 그대로 유지하려는 성질
카오스 : 혼돈 또는 무질서의 상태

보춘화

언 땅에
뿌리박고 사는 놈들은
모두가
지독한 사랑을 한다

동토의
차디찬 피부로 애무를 하고

사각사각
서릿발로 키스를 하며

가지 없이 일어서는
꽃 대궁
하나

삼월의 햇살
중천 향해 달려가면

복수초
한 송이 노랗게 피어나듯

보춘화
한 송이 녹색으로 고개 들어
소리친다

새봄이 왔다 !

Tip

보춘화 : 봄에 꽃 피는 춘란의 다른 이름

물리의 향기

2013년 1월 인쇄
2013년 1월 발행

저 자 육 근 철
발행인 서 만 철
발행처 공주대학교 출판부
충남 공주시 공주대학로 56 ☎ (041) 850-8752
인 쇄 정우커뮤니케이션즈 ☎ (042) 636-1630
ISBN 978-89-87018-64-5 03800
정 가 12,000원

등록번호 제5호